Dieses Buch ...

dürfte es eigentlich gar nicht geben. Schenkt man den allgegenwärtigen Klagen über die Orientierungs- und Perspektivlosigkeit der unter Dreißigjährigen Glauben, so ist es einigermaßen unwahrscheinlich, daß sich zwei junge Autoren darangemacht haben, ein umfassendes Bild ihrer Generation zu zeichnen, das frei ist von Larmoyanz und Selbstbespiegelung. Jenseits der gängigen Stereotypen porträtieren Christoph Clermont und Johannes Goebel eine Gesellschaft, in der sich junge Menschen aufgemacht haben, ihren Teil am 21. Jahrhundert zu erobern.

Sie zeigen, wie aus der Orientierungslosigkeit eine Tugend werden konnte und liefern dabei ein packendes Stück Alltagsarchäologie, das gängige Phänomene radikal neu deutet und Wege aus dem lähmenden Stillstand der Gegenwart weist.

Die Autoren beleuchten die Veränderungen, die sich schon heute in den Arbeits- und Wertewelten einer ganzen Generation widerspiegeln und räumen ganz nebenbei mit einer Reihe Klischees auf, die immer noch das »Phänomen Jugend« umgeben.

Die Tugend der Orientierungslosigkeit ist die Referenzlektüre für das ausgehende Jahrhundert, sie macht Mut für eine Zukunft, die schon begonnen hat. Ihre Autoren eröffnen die Perspektive auf eine lebenswerte Zivilgesellschaft und erteilen damit all jenen »Endzeitpropheten« eine Absage, die mit den Scheuklappen von gestern die Probleme der Gegenwart angehen wollen.

Johannes Goebel
Christoph Clermont

Die Tugend der Orientierungslosigkeit

Verlag Volk & Welt
Berlin

Die Deutsche Bibliothek – CIP-Einheitsaufnahme
Goebel, Johannes:
Die Tugend der Orientierungslosigkeit / Johannes Goebel / Christoph Clermont
Berlin: Verl. Volk und Welt, 1997
ISBN 3-353-01115-3
NE: Clermont, Christoph

Design und Satz: New Sign Werbe- und Trendagentur, Berlin
Foliencover: COLOCO Spezialdruck
Druck und Bindung: Pustet, Regensburg
Printed in Germany
ISBN 3-353-01115-3

Danke.

Unser Dank gilt all denjenigen, die uns bei der Arbeit nicht nur begleitet und unterstützt, sondern auch durch ihre Anekdoten und Berichte und als Vorbilder für unsere Beispiele dieses Buch mit Leben erfüllt haben.

Anja Werres, Angela Herrmann, Oliver Dehne, Henrik Sander, Gudrun Löwer, Jana Bieker, Judith Lücke, Stefanie Bremer *(deren Wohnzimmergalerie in Berlin unbedingt einen Besuch wert ist)*, Tanja Dückers, Robert Krokowski, Daniela Dumath, Evelyn Petzold, Armin Emrich, Sebastian Schleicher, Axel Marciniak, Christoph Schacht, Robert Krokowski, Malin Walther, Christian Romacker und den Mitarbeitern von New Sign.

Für die Anregungen zu diesem Buch danken wir den Diskussionsteilnehmern bei den Millenium Tagen 1996 Gerd B. Achenbach, Reimer Gronemeyer und Cora Stephan.

Ulrich Beck danken wir für sein ermutigendes Interesse an unserer Arbeit.

INHALT

10 *Versuch eines Vorworts*

15 *Prolog Ein Jahrzehnt wird besichtigt*

18 Bindung und Emanzipation – die Aporien der Moderne

20 Ein Comeback der Werte

22 Family Values

24 Im amerikanischen Dorf

28 *Die Zeichen (1) In der Welt der Lebensästheten*

30 Das Filofax als Über-Ich

34 Zuhaus im globalen Dorf

38 Der Feind in meinem Bett

40 Die Kindheit endet niemals

44 Atomtod im Legoland

48 Schlachthäuser der Lebensästhetik

51 L'État, c'est moi

55 Exzentriker, Dandys, Führer und Kaiser

57 Lebensästheten auf der Leinwand

60 Geronto A Gogo

63 Fischstäbchen und Zivilisation

66 Im Reich der Werte

68 Die zivilgesellschaftliche Vollversammlung

72 *Bleiben Sie dran ...*

76 **Erstes Hauptstück Eine unvollständige Bestandsaufnahme des lebensästhetischen Universums**

77 Die Geburt des Lebensästheten

79 Als die Gruppe zum Haufen wurde

81 Der Abschied von der Doppelmoral

82 Unübersichtlichkeit ist die Orientierungslosigkeit ihrer Beobachter

83 Der Lebensästhet schwingt die moralische Keule

84 Die Heimat des Lebensästheten ist die stabile Zivilgesellschaft

86 Antiautoritäre Spätfolgen

87 Opa bekommt Besuch aus dem Global Village

88 Positive Bestätigung ersetzt das Zwangskorsett der Verpflichtung

90 Eine Gemeinschaft ohne Moral

90 Das Grundrecht auf Konflikte und Ambivalenzen

91 Jenseits des Lustprinzips erwächst die Lust aus dem Prinzip

92 Die Nabelschnur zu den Zwangsgemeinschaften des Alltags

93 Douglas Coupland hat die Generation X verraten

95 Glauben und Zynismus

97 Zu Gast in den kleinen Diktaturen des Alltags

98 Bargaining und das Problem mit der Liebe

99 Moralkollisionen am Frühstückstisch

101 Von der Leidenschaft zur friedlichen Koexistenz
103 Wenn die Wertefalle zuschnappt
104 Der Lebensästhet im Netz
105 Wärme und Nähe inklusive
107 Eine Gemeinschaft ehrloser Gesellen
109 Vom Segen des Egoismus
110 Wenn Deutung zum Glücksspiel wird
112 Marktforschung am Ende

114 *Zwischenspiel* ***Auf dem Markt irrationaler Kaufentscheidungen***
115 Das Gespenst der Konsumverweigerung geht um
118 Das Schweinebein an der Paketausgabe
120 In der Einkaufstüte des Lebensästheten
123 Geizkragen und Spendierhosen

126 *Die Zeichen (2)* ***Der Lebensästhet auf Arbeit***
127 Eine stille Revolution im Hinterhof
130 Wunderkinder am Hamburger Grill
133 Eine Affäre mit dem Nichts
136 Die Nieten in Nadelstreifen
140 In der Wohlfahrtsfalle
143 Postmoderne Putzteufel
146 Das Kreuz mit der Dienstleistungsgesellschaft

150 *Zweites Hauptstück* ***Muddling Trough – ein Existenzmix aus Freizeit, Arbeit und Bildung***

151 Die Lage der Nation

153 Soziale Explosionen und andere Irrtümer

155 Perspektivlosigkeit in der Planzenphysiologie

157 Der Abschied vom Abstieg

159 Wunsch und Wirklichkeit

162 Arbeit im Freizeitpark

164 Ich oder die Firma

165 Ein Auslandsaufenthalt erhöht Ihre Bewerbungschancen!

169 Experten auf der Schulbank

172 Der Alptraum des Berufsberaters

174 Gründerzeit

175 »Lassen Sie es bleiben!«

177 Diesseits der Steuererklärung

180 Ich will nie so werden wie mein Chef

183 Voodoo Company

184 Der selbständige Unterfrachtführer

188 Hilfe, ein Angestellter!

191 Allein mit der Mafia

194 Auf dem Weg zu temporären Allianzen

195 Ein Star für 15 Minuten

169 Nur Mut

198 Die Tugend der Orientierungslosigkeit

Versuch eines Vorworts

Mostly Harmless

Die Generation X ist seit Erscheinen des gleichnamigen Buches schon etwas in die Jahre gekommen. Vor genau sechs Jahren zeichnete Douglas Coupland das Bild einer Generation, die mit dem Karrieredenken ihrer Eltern bricht und sich neue lebensästhetische Schwerpunkte setzt. Sich heute noch einmal diesem Phänomen zu widmen, mag auf den ersten Blick verspätet erscheinen. Doch hat Coupland nicht nur die Generation X erfunden, er hat seine Akteure auch einem folgenschweren Irrtum ausgeliefert. Und es hat den Anschein, als ob nur wenige diesen Fehler entdeckt haben. Seinen Fehlschluß, daß die Abwendung von traditionellen Werten früher oder später zu einer Rückbesinnung auf die vertrauten Lebensläufe der Eltern führen muß, teilt Douglas Coupland mit vielen Journalisten, Autoren und Wissenschaftlern.

Es gibt kein Zurück: Politik und Sozialforschung stehen ratlos dabei und verzweifeln vor den scheinbaren Widersprüchen im Denken und Handeln der ominösen 18- bis 35-jährigen. Die Generation der nach 1965 Geborenen hat sich von den Perspektiven und Rollenbildern ihrer Väter und Mütter emanzipiert. Das Resultat dieses gesellschaftlichen Umbruchs, der weithin im Verborgenen stattfand, ist eine neue Ethik. Ihre Mechanismen und Auswirkungen heute und morgen sind Gegenstand dieses Buches.

Die Generation X ist in die Jahre gekommen. Schenkt man der öffentlichen Diskussion Glauben, so befindet sie sich heute im Spannungsfeld von Familienwerten und Moralverfall, High-Tech-Ökonomie und sozialem Abstieg. Die gegenwärtige Wertedebatte konstatiert auf der einen Seite einen permanenten Verfall von Sitte und Moral, und auf der anderen Seite wird das Publikum nahezu täglich mit dem Comeback von Family Values und protestantischer Arbeitsethik gequält.

Man fragt natürlich nach den Ursachen dieser Moraldebatte. Weder die Familie noch unser demokratischer Grundkonsens scheinen angesichts stagnierender Scheidungs- und Delinquenzraten ernsthaft in Gefahr. Das Phänomen der allgemeinen Orientierungslosigkeit ist auch nicht neu, und doch läßt die zunehmend intensiver werdende Moraldebatte keinen Zweifel an der steigenden Skepsis gegenüber der Unübersichtlichkeit sozialer und wirtschaftlicher Zusammenhänge. Dieses Buch ist ein Plädoyer für die Tugend der Orientierungslosigkeit. Es beschreibt, warum unsere Gesellschaft nicht unter einem Werteverfall, sondern unter einer Werteverschiebung leidet, und es legt dar, warum eine Gesellschaft ohne einen umfassenden Begriff von gegenseitiger Verpflichtung und Solidarität weder unmenschlicher noch härter werden muß, weder instabiler noch wirtschaftlich weniger erfolgreich. Im Gegenteil: Nur die Vielfalt und Widersprüchlichkeit von Einstellungen und Selbstbezügen bilden das Fundament, auf dem das Gebäude der Zivilgesellschaft dauerhaft und stabil stehen kann. Ursache dafür sind die postmaterialistischen Seiteneffekte, die ihre markanten Spuren im Leben der Generation der 89er hinterlassen haben. Jenen individualisierten Großstadtegomanen, deren persönliche Leitbilder unser Zusammenleben schon heute immer stärker prägen.

Offen gesagt: Der Diskurs um den Werteverfall wird mehr und mehr zur Bühne der Befindlichkeiten seiner Teilnehmer. Denn orientierungslos sind mitnichten die jungen Milden, deren Heimat die Dienstleistungsgesellschaft ist und die souverän durch den Datenmüll der Informationsfluten waten. Nicht ihnen bereitet der Virus der Unübersichtlichkeit schlaflose Nächte, sondern Funktionären, Lehrmeistern und Werbern. Und nicht zuletzt ist es die Generation der 68er, die sich in den Feuilletons der Republik redlich um Erklärungen für das Treiben ihrer mißratenen Kinder müht; Erklärungen für die mit herkömmlichen Instrumenten, Milieutheorien und Wähleranalysen nicht erfaßbaren Gegensätze dieser Generation.

Miriam zum Beispiel ist vierundzwanzig, studiert Psychologie und jobbt nebenbei in einem Inkassounternehmen. Das Studium vernachlässigt sie nach Kräften, und von ihrem Abschluß erwartet sie sich keine großen Aussichten. Doch von allgemeiner Perspektivlosigkeit keine Spur! Sie lebt unbeschwert, ist den Ereignissen der Welt gegenüber aufgeschlossen und empfindet Tag für Tag auch noch Spaß an ihrem unterbezahlten Job. Ihr Freund lebt in Australien. Den größten Teil ihrer Beziehung managt sie über E-Mails. Sicher, sie liebt ihn, er ist schon lang nicht mehr der einzige Garant für Wärme und Nähe. Ihr großer Freundeskreis ist für sie da, und doch fühlt sie sich diesen Freunden gegenüber nicht verpflichtet. Oft ist sie unzuverlässig und läßt Verabredungen und Termine einfach platzen. Wären Pünktlichkeit und Disziplin noch allgemeingültige Werte, würde sie schon längst allein dastehen. Doch ihre Freunde mögen ihre chaotische Art und vergeben ihr so manche Macke. Und falls ihr trotzdem einmal der Sinn nach Regelmäßigkeit und bürgerlicher Moral steht, bleibt ja immer noch die

Familie. Nicht die eigene zwar, aber die ihrer Kindheit. Verpflichtet fühlt sie sich auch ihren Eltern gegenüber nicht, doch Halt und Stärke hat sie dort schon als Kind erfahren, und sie weiß ihre eigene Tradition zu schätzen. Außerdem freut sich ihre Mutter ja schließlich, wenn sie kommt. Sie ist ein »Muttersöhnchen«? Keine Spur! Antiautoritär erzogen, stand bei ihr schon früh Selbständigkeit vor Abhängigkeit.

Dieser kurze Abriß einer Biographie, so schematisch er auch sein mag, ist keineswegs untypisch oder unrealistisch. Miriam ist weder ein Überbleibsel der saturierten Spaß-Gesellschaft der 80er noch Bewohnerin einer heilen Wohlstandswelt, die es sich leisten kann, auf Karriere und Bindungen zu verzichten.

Menschen wie Miriam sind allgegenwärtig, die Mechanismen, mit denen sie ihr Leben zwischen Chaos und Unverbindlichkeit organisieren, sind ein Massenphänomen. Und dennoch findet sich keine passende Schublade für die vielfältigen und widersprüchlichen Einstellungen und Handlungen dieser Generation. »Mostly Harmless« lautete die Auskunft über die Menschheit im »Hitchhiker's Guide to the Galaxy«, und ähnlich aussagekräftig sind viele Abhandlungen, Kolumnen und Analysen über die Generation der 89er. Denn so typisch und realistisch Miriams Lebensumstände auch sein mögen, sowenig erlauben sie Schlußfolgerungen auf ihr weiteres Handeln. Wem oder was gegenüber sie sich wirklich verpflichtet fühlt, was sie morgen kauft, wo sie arbeiten wird oder für wen sie bei der nächsten Wahl stimmen wird, bleibt unter dem Schleier empirischer Betrachtungsweisen oft verborgen. Die inhärenten Mechanismen und Motivationen widersprüchlich erscheinender Lebensmodelle aufzuzeigen, konkrete Wege zur Interpretation ihrer Zeichen und Strategien für den Umgang mit dem Phänomen der Lebensästheten zu liefern, ist Ziel und Inhalt dieses Buches.

Prolog

Ein Jahrzehnt wird besichtigt

Das Getöse um die deutsche Einheit ist verstummt, der Pulverdampf über den publizistischen Schlachtfeldern hat sich gelichtet, und wir müssen wohl feststellen, daß das neue Deutschland doch das alte ist. Die achtziger Jahre sind noch nicht vorbei! Jenes Jahrzehnt der spielerischen Unbeschwertheit im Schatten des atomaren Holocaust, der zynischen Nach-mir-die-Sintflut-Attitüde, die doch nur das eine wollte: »Ich geb Gas, ich will Spaß!« Aber nicht nur das: Das vergangene Jahrzehnt war auch eine Zeit des zivilgesellschaftlichen Engagements, der Bürgerbewegtheit, der zahllosen Initiativen »von unten«. Noch die zweifelhaftesten Sumpfblüten der Friedens- und Ökologiebewegung kündeten vom gewachsenen Selbstbewußtsein des einzelnen gegenüber Staat und Großinstitutionen.

Sind die bundesdeutschen Achtziger für uns heute wirklich nur eine ferne Spielwiese des Postmaterialismus jenseits der harten Realitäten des Standortes Deutschland? Erinnert sich noch jemand an Björn Engholm? Er war die perfekte Verkörperung des Achtziger-Jahre-Paradigmas, daß Politik nicht in erster Linie Moral, sondern vor allem Ästhetik verkörpern solle. Der Besuch von Vernissagen oder Musikfestivals, der elegante Habitus, das alles war uns offensichtlich vor nicht allzulanger Zeit wichtiger als die knarrzende Tugendhaftigkeit aufrechter Moralträger. Kohl haben wir gewählt, gerade nicht, weil er für Familienwerte stand, für Fleiß und deutsche Tugenden. Wir wußten, daß seine Politik des »Ich will so bleiben, wie ich bin« eben auch das »Du darfst« enthielt, den flexiblen und weitgesteckten Rahmen für unsere privaten zivilgesellschaftlichen Gehversuche.

Die Achtziger waren zynisch und amoralisch. Unsere Leitbilder oszillierten zwischen Yuppie und Punk. Dabei ist beiden Leitbildern eines gemeinsam: das Primat der Ästhetik über die Tugend. Beide wollten »der Gesellschaft« die kalte Schulter zeigen, beides waren Rollenmodelle für eine radikale Individualisierung. Und nichts kennzeichnet das geistige Klima des vergangenen Jahrzehnts besser als die allgegenwärtige Aufforderung, individuell zu sein. Die postmaterialistische Ethik hatte uns voll im Griff. Wir waren verpflichtet, »unsere eigene Biographie zu erfinden«, jenes Gesamtkunstwerk namens Ich zu schaffen, das über die Teilhabe an bestimmten ästhetischen Chiffren seinen Seelenzustand kundzutun hoffte.

Dabei hatte uns die postmoderne Debatte ein gesundes Mißtrauen gegenüber allem Festgefügten, Eindeutigen und Klaren auf den Weg gegeben. Symbole bedeuteten nichts mehr oder alles. Hammer und Sichel auf der T-Shirt-Brust waren weniger ein Bekenntnis zum Kommunismus als Ausweis von Distanz und Coolneß. Nichts haßte man in den Achtzigern mehr als »den Hippie«. Denn Ästhetik war diesem trübsinnigen Fossil der finsteren Siebziger beim besten Willen nicht abzugewinnen. Seine orgiastischen Zuckungen im Schlamm von Woodstock konnten uns nicht mehr von der Espressomaschine weglocken. Wenn schon häßlich, dann, bitteschön, bewußt, absichtlich und mit Stil! Ironischerweise jedoch endete das Jahrzehnt der Coolneß und Ästhetik mit dem Seventies-Revival. Nun jedoch ging es nicht mehr um das transzendentale Verschmelzen mit dem Universum, der Menschheit etc. und ähnlich zweifelhafte Fragmente der Pop-Philosophie der Woodstock-Ära, sondern vielmehr um eine weitere Runde im Reigen der individuellen ästhetischen Differenzierung.

Die achtziger Jahre sind Vergangenheit. Das Ende des Kommunismus, die deutsche Einheit, die Unsicherheit der neuen Weltordnung haben scheinbar ein Comeback des primär Politischen eingeläutet, daß die zivilgesellschaftlichen Einübungen als luxuriöse Spielereien einer dekadenten Epoche erscheinen läßt. Große alte Männer machen wieder Politik. Und wenn auch die nicht mehr weiter wissen, sind es eben die bösen multinationalen Konzerne, die den einzelnen scheinbar zur Machtlosigkeit verurteilen. Es gilt heute, »den Standort Deutschland zu sichern«, die »innere Einheit zu erringen«, uns »für die Zukunft fit zu machen«. Die Zeiten sind härter geworden, so die allgemeine Einschätzung. Wir müssen zusammenrücken, einen neuen Konsens finden, Gemeinsinn entwickeln, um die ellenbogenschwingende Ego-Gesellschaft zu überwinden. Mancher, zumal im Osten und in der neuen Hauptstadt, sehnt gar neue »Stahlgewitter« herbei, um den ganzen faden Liberalismus ein für allemal auf den Müllhaufen der Geschichte zu verbannen.

Doch die Dynamik gesellschaftlicher Prozesse ist unerbittlich. Der brave (Partei-)Soldat, der fleißige Arbeiter und Familienvater, die treusorgende Mutter – das gesamte Personal, das für diese geradezu herkulischen Zukunftsaufgaben nötig schiene, ist weit und breit nicht aufzutreiben. Seine letzten Vertreter sind längst zu zweifelhaften Schießbudenfiguren mutiert. Schuld daran sind, lauscht man so manchem Rascheln im Blätterwald, natürlich einmal mehr die sogenannten 68er. Und mit der jungen Generation ist offensichtlich sowieso kein Staat zu machen.

> Denn auch wenn die Welt sich verändert hat, die Prozesse der Individualisierung, der Aufladung des Sozialen durch das Ästhetische, die radikale Verschiebung von Moralvorstellungen aus der gesellschaftlichen Sphäre ins Private werden sich kaum rückgängig machen lassen.

Die Werte der achtziger Jahre sind deshalb nicht Bestandteile einer fernen Epoche. Das individualistische Projekt des guten Lebens steht auf der Tagesordnung von Millionen weit über dem selbstlosen Dienst an der Gemeinschaft. Ein Zurück ist weder in Sicht noch, wie wir zu zeigen hoffen, überhaupt wünschenswert.

Bindung und Emanzipation – die Aporien der Moderne

Die Debatte um einen Werteverfall, als dessen Ursache man Egoismus, »bindungslosen Individualismus« oder, aktuell, »Ellenbogenmentalität« auszumachen glaubt, begleitet die abendländische Geschichte vermutlich seit ihren Ursprüngen. Dabei brachte erst die industrielle Revolution jene »Masse« hervor, die das Denken des 19. Jahrhunderts so nachhaltig beeinflußte. Die Voraussetzung für das Entstehen einer solchen Masse jedoch war Individualisierung.

Moderne bedeutete die massenhafte Freisetzung von Individuen aus traditionellen Lebenszusammenhängen. Aus Familien und Gemeinden waren im 19. Jahrhundert städtische Massen geworden. Und so stellte sich auch vor hundert Jahren die recht vertraute Frage, wie eine Gesellschaft auszusehen habe, die sich aus »bindungslosen Individuen« in großer Zahl zusammensetzt. Nach dem Scheitern der liberalen bürgerlichen Gesellschaften im Fiasko des Ersten Weltkriegs sahen die Protagonisten der klassischen Moderne die Lösung vor allem darin, die »Massen« in Massenorganisationen zu ordnen. Trotz aller Unterschiede haben die kollektivistischen Gemeinschaftskonzepte des 20. Jahrhunderts, Kommunismus und Faschismus, ein Gesellschaftsbild als Basis, das den einzelnen als Rädchen der großen Maschine, wenn nicht gar als Soldat im Gesellschaftsglied betrachtet. Die Großindustrie und ihre Organisationsmodelle standen dabei Pate für die Gesellschaft als Ganzes. In milder Form sind diese Ideen auch im sozialpartnerschaftlich-korporativen Modell der alten Bundesrepublik lebendig geblieben. Doch die Anziehungskraft einer solchen Gesellschaftsvorstellung ist, wie nicht zu übersehen, seit den sechziger Jahren sehr viel schwächer geworden.

In der Bundesrepublik etwa fällt es heute den Parteien immer schwerer, Nachwuchs zu rekrutieren. Auch eigens inszenierte Jugendparteitage und jugendliches Führungspersonal scheinen da wenig zu helfen. Gewerkschaften klagen über Mitgliederschwund, und die Kirchen haben das Rennen um den Nachwuchs schon lange aufgeben müssen. Selbst Gesangsvereine haben Schwierigkeiten, ihre gelichteten Reihen wieder zu schließen. Einzig der Sport scheint vorerst verschont zu bleiben. Doch auch hier mehren sich die Anzeichen, daß der gute alte Verein seine führende Rolle an individualisierte Fun-Sportler abgeben muß. Die klassischen Organisationsmodelle der »Deutschland AG« sind zu rituellen Schattentänzen degeneriert. Der alljährliche »Tarifpoker« wird von Millionen nurmehr als Spektakel aus einer fremden Welt wahrgenommen, und so manche »Sozialleistung« wird erst anläßlich ihrer Abschaffung einem breiteren Publikum bekannt. Doch die Krise von Gewerkschaften und Parteien ist nur ein sanftes Nachbeben jener Individualisierungsprozesse, die einen grundsätzlichen Paradigmenwechsel in den Gesellschaften der westlichen Welt ausgelöst haben. Paradox genug nämlich wird die verbreitete Unlust auf die »großen Organisationen« begleitet von einem ungebrochenen Trend zu ehrenamtlichem Engagement, zu subpolitischem Handeln.

Wenn die klaren Orientierungslinien fehlen, sich das Handeln des einzelnen ganz offensichtlich nur noch schwer mit den althergebrachten Zuordnungen der Akteure zu einer gesellschaftlichen Großgruppe erklären läßt, liegt auch heute der Rückgriff auf den Begriff *Masse* nahe. Bilden die nicht mehr in den klassischen Organisationsformen erfaßbaren, »postmodernen« Individualisten etwa, wie Villem Flusser nahelegt, eine neue »Masse«? Stehen wir somit an einer ähnlichen Stelle wie die Denker der klassischen Moderne, die ebenso fasziniert wie abgestoßen auf ihre »vermaßten« Mitmenschen blickten?

Das Bedürfnis nach Übersichtlichkeit ist groß. Und wenn Modelle, die die allfällige Orientierungslosigkeit in Fragen des Sozialen zumindest für eine Zeitlang in die Bahnen vermeintlicher Berechenbarkeit lenken konnten, so offensichtlich ihre Relevanz eingebüßt haben wie die heroischen Gesellschaftskonstrukte der Moderne, steigt der Bedarf nach gleichwertigem Ersatz ins Unermeßliche. Die Postmoderne hat im Bereich des Politischen nur Leerstellen hinterlassen, Marktwirtschaft ist mehr Praxis als welterklärende Ideologie. Das Feld der Moral ist von Kirchen und Weltanschauungsparteien in ungeordnetem Rückzug preisgegeben worden.

Und doch leben die Aporien der Moderne fort. Die Sehnsucht nach Bindung und das Streben nach Emanzipation ist das Spannungsfeld, in dem sich der Industriearbeiter von 1920 ebenso bewegte wie die Angehörigen der konsumverwöhnten »Generation X« der neunziger Jahre.

Ein Comeback der Werte

1996 reiste der amerikanische Soziologe Amitai Etzioni durch Deutschland. Er traf sich mit Helmut Kohl ebenso wie mit Rudolf Scharping und Joschka Fischer. Guido Westerwelle und Gregor Gysi traf er nicht. Was treibt unsere ansonsten ja wenig an akademischen Auseinandersetzungen interessierten Spitzenpolitiker zum Gespräch mit einem Mann, der »den dritten Weg zwischen einem ausufernden staatlichen Sozialsystem einerseits und einer ungezügelten Marktwirtschaft andererseits« (Sunday Times) predigt?

Stand wirklich eine fundamentale Neuordnung des bundesdeutschen Nachkriegsmodells auf der Tagesordnung, für die sich das politische Deutschland intellektuelle Rückendeckung bei einem angesehenen Sozialwissenschaftler holen wollte? Oder hatte die schwelende Moraldebatte, das stetig anschwellende Lamento über den allgemeinen Werteverfall auch die Bonner Chefetagen erreicht? Amitai Etzioni ficht für »die Stärkung der moralischen Grundlagen unserer Gesellschaft«, er möchte die »Wiederherstellung der Bürgertugenden, die Rekonstruktion der Gemeinschaft, der Community« erreichen und hält zumindest das theoretische Rüstzeug dafür bereit.

Seine Vorschläge, wie dem modernen Dilemma von Bindung und Emanzipation, Selbstverwirklichung und Gemeinsinn beizukommen sei, füllen ein theoretisches Vakuum, das durch die offensichtliche Unbrauchbarkeit marxistisch inspirierten Denkens einerseits und das zunehmende Unbehagen an der geringen Bindungskraft neoliberaler Praxis andererseits entstanden ist. Der Kommunitarismus, als dessen wichtigster Kopf Etzioni gilt, hat zumindest in den USA beinahe den Rang einer Staatsphilosophie eingenommen. Angesichts der wachsenden Schwierigkeiten, die die Bürger der westlichen Demokratien mit der globalen Unübersichtlichkeit haben, ist die Beschwörung von Gemeinschaft, Solidarität und Familienwerten offensichtlich höchst attraktiv. Denn Politik wird hier endlich wieder einmal im Zusammenhang mit der Frage von Ethik und Moral diskutiert, das scheinbar Vertraute, Nahe, Familiäre gegen eine Welt in Stellung gebracht, in der die Gewißheiten des eigenen Lebensmodells Tag für Tag in Frage gestellt werden. Und gerade die Nachfrage nach moralischer Orientierung scheint in der letzten Zeit enorm gestiegen zu sein.

Kommunitarismus ist ein Retro-Trend. Er evoziert die Jugenderinnerungen der Sechzigjährigen an eine heile Welt des gemeinschaftlichen Aufbaus in den goldenen Fünfzigern, an den aufopferungsvollen Dienst an der Gemeinschaft im Kibbuz, an das moralisch unterfütterte »Big-Government« der New-Deal-Ära. Ein milder Sozialdemokratismus, der auch für Konservative verdaubar ist, und das Plädoyer für die kleinen nachbarschaftlichen Gemeinschaften, das alles aufgeladen mit Appellen zur sozialen Besserung, eröffnet der Politik zumindest die Chance, den Anforderungen der zyklisch auftretenden Moraldebatten gerecht zu werden. Der Bürger sorgt sich um seine Rente, hat Angst vor Kriminellen und beklagt den allgemeinen Mangel an Moral. Zukunftskongresse beschäftigen sich mit »Ethik und Moral im 21. Jahrhundert«, Beiträge zur Wertedebatte können sich einer breiten öffentlichen Aufmerksamkeit sicher sein.

Kein Zweifel, Moraldebatten dienen nicht zuletzt dem Lustgewinn. Denn unmoralisch sind meist die anderen. Und die Rezepte ethischer Besserung müssen in der Regel nicht von ihren Erfindern ausgebadet werden.

Family Values

Einige Besonderheiten der amerikanischen Diskussion verdienen allerdings spezielle Aufmerksamkeit. Die Debatte um die sogenannten Family Values ist in Deutschland noch nicht entbrannt. Dabei ist angesichts der Anziehungskraft kommunitaristischer Ideen damit zu rechnen, daß diese Kategorie sich auch hierzulande in Zukunft allgemeiner Beliebtheit erfreuen könnte.

Family Values, Familienwerte, werden gerne als Grundlagen einer sozialeren und gerechteren Ordnung beschworen. Ist die Familie intakt, so sind es auch Staat und Gesellschaft. Hohe Scheidungsraten, wilde Ehen, der ganze unübersichtliche Wirrwarr postfamiliärer Beziehungs- und Erziehungskonstrukte sind dem Anhänger von Family Values natürlich ein Greuel. Das Ende der Kleinfamilie wird nicht nur als Symptom, sondern als Ursache einer allgemeinen sozialen Katastrophe gewertet. Zerrüttete Familienstrukturen sind Ursache von Kriminalität und Drogensucht, und staatliche Hilfe führt in solchen Fällen lediglich zur Bestätigung des asozialen Verhaltens. Wenn es mehr Fami-

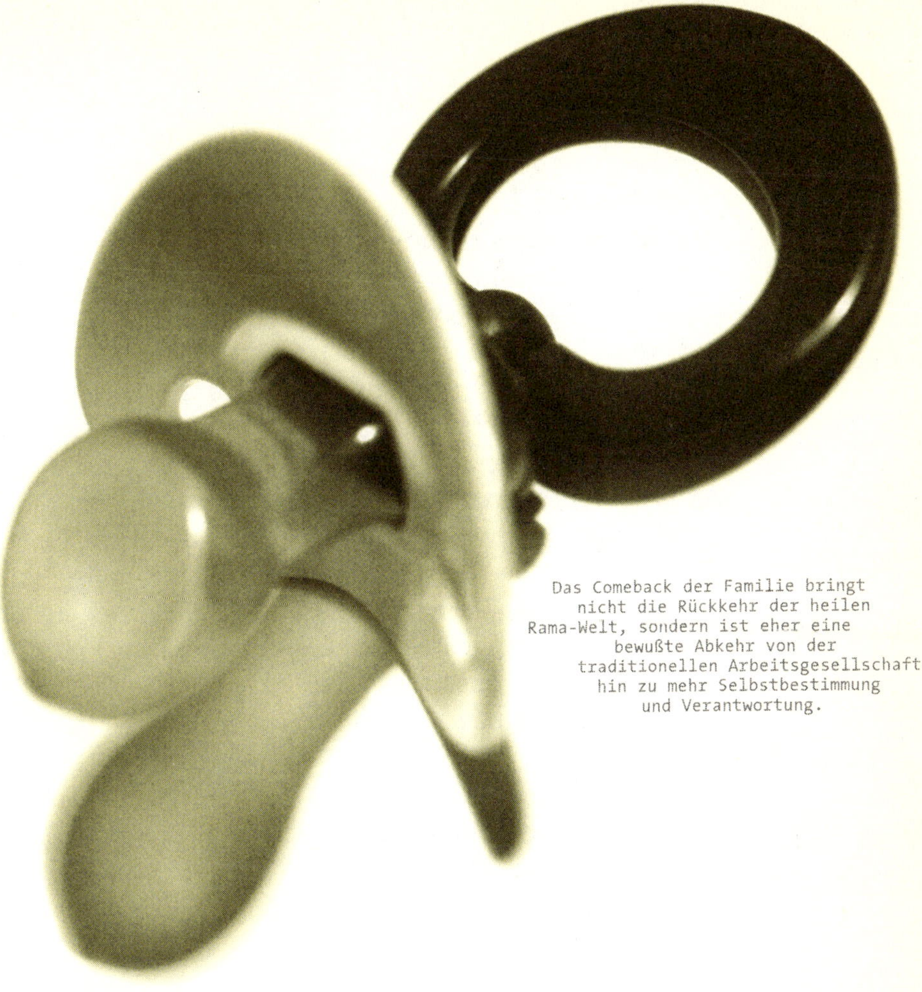

Das Comeback der Familie bringt nicht die Rückkehr der heilen Rama-Welt, sondern ist eher eine bewußte Abkehr von der traditionellen Arbeitsgesellschaft hin zu mehr Selbstbestimmung und Verantwortung.

liensinn gäbe, so die Vorstellung, mehr Gemeinsinn und nachbarschaftliche Unterstützung, gäbe es auch weniger Ehescheidungen, Teenagerschwangerschaften und Sozialhilfeempfänger. Soziale Probleme werden also mit Familienproblemen gleichgesetzt, Familienprobleme aber mit dem Verschwinden der intakten Dorfgemeinschaft.

In Deutschland zumindest gab es in den fünfziger Jahren, einer Zeit, die im allgemeinen Bewußtsein als Ära der heilen Kleinfamilie verankert ist, so viele Teenagerschwangerschaften wie niemals danach. Vor dem Beginn der Urbanisierung wimmelte es auf den Dörfern von unehelichen Kindern, und die Gefahr des Kindesmißbrauchs ist in der Kleinfamilie prozentual höher als in unehelichen Gemeinschaften. Doch wenn die verbreitete Ansicht »es wird doch alles immer schlimmer« lautet, dann muß »früher« natürlich auch einfach alles besser gewesen sein! Und »früher«, so die feste Überzeugung nicht nur unter Konservativen, gab es eben mehr Familien- und Gemeinsinn, Nachbarschaftlichkeit und Solidarität. In der glücklichen Rama-Familie gab es Halt, Geborgenheit und Wärme. Die milde Verklärung eigener Jugenderinnerungen gibt dabei dem Familiären die besondere Aura einer weltabgewandten Ruhezone, in der alles intim ist, Kälte und Bösartigkeit einer rauhen Welt ein für allemal ausgeschlossen sind.

Die Attraktivität einer solchen Idylle ist selbst bei der sogenannten Generation X und ihren jüngeren Nachfolgern ungebrochen. Mit der Verwirklichung dieses Modells allerdings tun sich die heute 18- bis 35jährigen bezeichnenderweise ausgesprochen schwer.

Im amerikanischen Dorf

In der deutsche Frauenzeitschrift »Allegra« beschreibt eine sechsundzwanzigjährige Studentin ihre Zukunftsträume. Sie sehnt sich nach »innerem Gleichgewicht«, träumt vom Leben auf dem Bauernhof, von Pferden, Weiden und Sonnenschein. Die Wünsche dieser angehenden Akademikerin und Bewohnerin einer deutschen Metropole sind nicht unrepräsentativ. Millionenfach in den Medien verbreitet, treffen Visionen wie die vom »guten Landleben« in den urbanisierten Gesellschaften des Westens auf große Akzeptanz.

Die zeitgenössische Mischung aus Landidylle, Kommunitarismus und Family Values hat das Zeug zu einer populären Ideologie. Ob sie irgend etwas mit der realen Welt zu tun hat, ist dabei zweitrangig. Was zählt ist, daß die populären Mängeldiagnosen auf dem Feld der Moral angemessen bedient werden. Auch wenn jede Statistik dagegen spricht, das Gefühl von Unsicherheit und Bedrohung durch Verbrechen ist mittlerweile allgegenwärtig, Skandale, Korruption und wachsende Armut sind alltägliche Begleiter des fernsehenden Bürgers geworden. Die Mega-Metropole des 21. Jahrhunderts, durchzogen von ethnischem Haß und endemischer Umweltverschmutzung, in der eine Kultur des Faustrechts und des rücksichtslosen Individualismus herrscht, ist die negative Utopie, die am Horizont eines verunsicherten Westens dräut. Also zurück aufs Dorf!

Auch Hillary Clinton möchte uns dekadente Weltbürger mit ihrem Buch »Eine Welt für Kinder« zurück in die funktionierende Dorfgemeinschaft führen. Selbst wenn unsere Generation durch zuviel Libertinage ein für allemal verdorben ist, sollten wir immerhin um unserer Kinder willen die Rückkehr in die fürsorgliche Gemeinde kommunitaristischer Prägung erwägen. Um Kinder richtig zu erziehen, brauche es, so Clinton, ein ganzes Dorf. Wer Kindererziehung bisher für eine Privatangelegenheit gehalten hatte, wird eines Besseren belehrt. Gütige Tanten und hilfsbereite Nachbarn wachen in dieser pastoralen Idylle über Wohl und Wehe der Familie. Sie stehen jederzeit bereit, mögliche Familienprobleme zu kompensieren. Natürlich weiß auch die Autorin, daß in der egoistischen Welt der urbanen Nomaden Bindung und Traditionen, übersichtliche Gemeinschaften und fürsorgliche Verwandtschaften rar gesät sind. Deshalb muß der von Kommunitariern sonst eher kritisch

betrachtete Staat noch einmal ran. Ein »Home Instruction Program For Premature Youngsters« (abgekürzt HIPPY!) bringt unsere Jüngsten zu Räson, »Healthy Start« ebnet den Weg ins Leben. Für die Schule empfielt Clinton-Freund Etzioni ein Fach namens Charakterbildung, und wenn gar nichts mehr geht, stehen die Kirchengemeinden Weihwasser bei Fuß, um den gefährdeten Mitmenschen auf dem kommunitaristischen Pfad der Tugend zu halten. Den einzelnen umgibt engmaschiges Netz kontrollierender Fürsorglichkeit, in einem Wettlauf der Tugendhaftigkeit eifern die Bürger um ein möglichst harmonisches Gemeinwesen.

Von hieraus ist der Weg zu »Mach-mit-Bewegungen«, »freiwilligen Arbeitseinsätzen« und »Goldenen Hausnummern« wohl nicht weit. Die »kommode Erziehungsdiktatur« mit aufmerksamen Abschnittsbevollmächtigten, die den einzelnen, sollte er doch einmal über die gemeinschaftlichen Stränge schlagen, nachdrücklich auf seine Verpflichtungen gegenüber dem Kollektiv hinweisen, ist die deutsche Variante dieser gemeinschaftlichen Utopie. Mag der in Amerika tiefverwurzelte Individualismus, die ausgeprägt liberale Tradition, als ausreichendes Korrektiv für derartige Gemeinschaftsideen funktionieren, welche Ergebnisse der Import solchen Gedankengutes in Deutschland hervorrufen wird, ist keineswegs sicher.

Kein Zweifel, die Utopie des »amerikanischen Dorfes« ist attraktiv. Doch ist die Rückkehr zu Gemeinsinn, zu familiärer Dorfgemeinschaft, zu Kirche und Küche wirklich ein erfolgversprechender Weg? Müssen wir uns entschleunigen, Eindeutigkeit, Wärme und Überschaubarkeit in die zugige Welt der Globalisierung bringen?

Oder eröffnen vielleicht gerade die gern beklagten vermeintlichen Verfallserscheinungen wie Orientierungslosigkeit, Bindungslosigkeit und Ego-Gesellschaft einen gangbaren Weg ins dritte Jahrtausend?

Die Zeichen (1)

In der Welt der Lebensästheten

Die Republik entsendet Jahr für Jahr Hunderttausende junger Menschen in ihre Universitätsstädte und großen Dienstleistungszentren. Der mehr oder weniger akademische Nachwuchs ballt sich dann meist in sogenannten Szene- oder Studentenvierteln. Je nach Größe der Stadt lassen sich die Reviere der Lebensästhetik mit unterschiedlicher Deutlichkeit abgrenzen. Was in Riesa oder Villingen-Schwennigen eher schwer auszumachen ist, erreicht in Vierteln wie dem Berliner Prenzlauer Berg die Qualität eines jederzeit greifbaren Massenphänomens. Was Gerhard Schulze vor einigen Jahren noch das »Selbstverwirklichungsmilieu« nannte, ist zu einer neuen ebenso widersprüchlichen wie allumfassenden Kultur der Suche nach dem »guten Leben« mutiert, zu einer Kultur, die weltumspannend ist, deren sichtbare Zeichen sich vor allem aber in den einschlägigen Distrikten der westlichen Großstädte wiederfinden lassen.

Unser Blick richtet sich auf diese Zeichen.

Das Filofax als Über-Ich

DIE ZEICHEN(3)

Die Suche nach dem guten Leben bedeutet paradoxerweise nicht etwa einen Gewinn an Freiheit. Lebenskunst ist eine Aufgabe, die den ganzen Mann, die ganze Frau erfordert. Denn die permanente Inszenierung eines wie immer gearteten ästhetischen Bildes, das sich in jeder Facette des Seins widerzuspiegeln hat und dabei noch ständiger Überprüfung unterworfen ist, bedeutet, einem anstrengenden Vollzeitjob nachzugehen, einer Tätigkeit, die ebensoviel Frustration bereithält wie Befriedigung.

Lebenskünstler, die in der Lage sind, ein besonders stimmiges, ästhetisch in sich geschlossenes Lebensbild zu etablieren, setzen den Maßstab für die anderen, weniger erfolgreichen Inszenierungen. Die erstaunliche Mühelosigkeit, mit der ein solches Gesamtkunstwerk scheinbar in jeder Lebenslage intakt bleibt, erhöht den Druck auf die Epigonen.

Arbeit bedeutet vor allem, an sich selbst zu arbeiten. Der eigentliche »Beruf« ist nur mehr Mittel zum Zweck. Deshalb ist der zeitgenössische Lebenskünstler auch alles andere als ein Nichtstuer. Allerdings werden seine Aktivitäten nicht in erster Linie von ökonomischen Zwängen bestimmt. Gelderwerb und sinnstiftende Tätigkeit sind weitgehend entkoppelt. Ob das Einkommen im klassischen Angestelltenverhältnis, als Unternehmer, auf dem informellen Arbeitsmarkt, in Form sozialer Transfers oder auch familiärer Unterstützung oder Erbschaften erworben wird, ist eher uninteressant. Was zählt, ist die geglückte Einordnung der Tätigkeit ins individuelle ästhetische Konstrukt.

Mittlerweile ist der Druck, permanent großartige Dinge zu tun, in denen sich die eigene Identität widerspiegelt, enorm. Wenn ständige (ästhetische) Selbstverbesserung das Ziel ist, müssen selbstverständlich auch alle Aktivitäten diesem Imperativ entsprechen. Kurse und Weiterbildungsangebote aller Art boomen, von den Sprachferien bis zur

Esoterik. Die sogenannte Freizeit ist zur eigentlichen Arbeitszeit geworden.

Nichtstun dagegen fördert den Verdacht, hier werde nicht »ordentlich« an der eigenen Biographie gearbeitet, die Normen der Lebensästhetik würden verletzt. Und wie bei jeder Regelverletzung scheint das ganze verinnerlichte Gedankengebäude gefährdet. Deshalb muß dieser Affront entsprechend bestraft werden. Es droht der Verweis aus dem Reich der Lebensästheten in die Sphären des Dumpfsinns («Spießer«, »Proll«)!

Besonders in den Mittelschichten hat für viele die Aufladung von Freizeit mit sinnstiftenden Aktivitäten bereits in der Kindheit begonnen. Der stets gut gefüllte Terminkalender ist so inzwischen einer ganzen Generation zum vertrauten Begleiter geworden. Wo eine allgemein als »sinnvoll« erachtete Handlung fehlt, werden bisher eher für »nebensächlich« gehaltene Alltäglichkeiten zu lebensästhetischen Akten aufgebläht. Verhaltensweisen, die sich in der Vergangenheit auf die überschaubaren Kreise weniger Bohemiens und Künstler beschränkten, sind zum Massenphänomen geworden. Dazu gehört zum Beispiel die ungebrochene Attraktivität der in den achtziger Jahren wiederentdeckten Frühstückskultur. Es geht, wenn vom Frühstück die Rede ist, nicht mehr um das hektische Einschieben einer lappigen Toastschnitte zwischen Weckerklingeln und U-Bahn, sondern um die stundenlange vormittägliche Verabredung, die einem sonst arbeitslos verbrachten Morgen den Charakter eines bedeutsamen Ereignisses verleiht. Im Reigen der das Selbstbild bestätigenden Handlungen steht dieses Frühstück dann gleichrangig neben dem Italienischkurs, dem Kneipenjob, einem Seminarbesuch oder dem Treffen mit der Geliebten.

Die Welt der Termine und Verpflichtungen ist auch in einer Gesellschaft, in der niemand mehr »richtig« arbeitet, ein verbindlicher Rahmen, der Anerkennung sichert und Identität schafft. Das Leitbild *Manager* ist von vielen auch für den vermeintlich privaten Bereich verinnerlicht worden. Was fehlt, ist allein der durch die Institution vermittelte Druck der Sachzwänge.

Schon Erstsemester betreten die Universitäten mit aktendicken Filofaxen, freundschaftliche Netzwerke werden wie Kundenstämme einer Firma betreut. Adressenlisten und Vordrucke, Anrufbeantworter und Rundschreiben gehören zum selbstverständlichen Rüstzeug einer Generation, die an der klassischen Karriere kein Interesse mehr hat. Die Bürokratisierung des privaten Lebens steht dabei im krassen Widerspruch zur Unlust der Lebensästheten, sich in traditionelle bürokratische Strukturen einbinden zu lassen. Der prall gefüllte Terminkalender dagegen gilt als Ausweis des »guten Lebens«, »keine Zeit zu haben« als Sekundärtugend des Postmaterialismus.

Zuhaus im globalen Dorf

Japanischer Instant-Sake als Clash of Civilizations. Die postmoderne Warenwelt liefert das globale Grundrauschen vor dem sich lokale Besonderheiten entfalten.

Lebensästheten sind die Bewohner des globalen Dorfes. Und das ganz wörtlich auch diesseits der Datenautobahnen. Mit dem Verschwinden der Trennung von Arbeit und Freizeit sind auch die räumlichen Strukturen, die aus dieser Trennung resultierten, hinfällig geworden. Für die Angestelltengesellschaften des 20. Jahrhunderts war die Aufspaltung der Lebenssphären in scharf voneinander getrennte produktive und rekreative Bereiche kennzeichnend. Das Wohnen im (grünen) Vorort hatte vor allem der Erholung zu dienen, Arbeit fand idealtypisch in den Büropalästen der City statt. Ebenso klar wie zwischen Arbeit und Freizeit, Wohnort und Büro wurde zwischen Öffentlichkeit und Privatheit unterschieden.

Der Lebensästhet von heute aber hat von den 68ern gelernt, daß das Private politisch ist. Private Haltungen, Meinungen und Erfahrungen, die bis dahin als irrelevant galten («Das ist nur meine private Meinung ...«) dürfen seitdem die selbe Allgemeingültigkeit beanspruchen wie öffentlich geltende Konventionen. Die Hierarchie von öffentlich-politisch und subjektiv-privat ist verschwunden. Die legendäre ausgehängte Toilettentür der Kommune 1 machte das »Einbrechen« des Öffentlichen ins bis dahin Allerprivateste mehr als sinnfällig. Umgekehrt wird die ursprünglich öffentliche Sphäre immer stärker »privatisiert«. Einerseits erscheinen private Handlungen, der Kauf eines ökologisch hergestellten Yoghurts etwa, als durchaus politische Handlungen, andererseits beurteilen wir Politiker eher nach unseren persönlichen ästhetischen Vorstellungen als nach ihrem politischen Programm.

Ähnliche Vorgänge lassen sich auch in bezug auf städtische Räume beobachten. Was privat ist und was öffentlich, muß jeweils neu ausgehandelt werden. Und dabei entstehen Probleme: Der Besucher einer Zahnarztpraxis nimmt auf einem der zahlreichen, im Wartezimmer bereitgehaltenen Stühle Platz. Da es sich aus seiner Sicht um einen öffentlichen Raum handelt, wählt er einen beliebigen Stuhl – bei einem privaten Besuch hätte er sich unter Umständen nach der Sitzordnung erkundigt. Die junge Frau jedoch, ebenfalls Patientin, die kurz nach ihm den Raum betritt, hat da ganz andere Vorstellungen: »Entschuldige, das ist mein Platz«, bringt Weltanschauungen ins Wanken und die Idee der Lebensästhetik auf den Punkt.

Die am jeweiligen Ort vorausgesetzten Konventionen sind also von Individuum zu Individuum verschieden. Die Vorstellung einer eindeutigen Unterscheidung von Öffentlich und Privat ist nicht mehr zu halten.

Es gibt nurmehr Orte – und Menschen, die sich an diesen Orten aufhalten. Über die jeweils geltenden Regeln besteht dauerhaft Unklarheit.

Da ein Aushandeln gerade an von vielen Menschen frequentierten Orten natürlich nicht jedesmal im Wortsinne möglich ist, bleibt angesichts dieser Unsicherheit lediglich der Rückzug auf einen elementaren Minimalkonsens verbindlich geteilter Verhaltensnormen. Die unverbindliche Unfreundlichkeit der Metropolen, den Orten des Fremden, an denen sich die widersprüchlichsten Ansprüche gegenüber dem Verhalten im städtischen Raum überschneiden, spiegelt diesen Minimalkonsens wider.

Obwohl der Mangel an Freundlichkeit, Verbindlichkeit und damit Geborgenheit schaffender Verhaltenssicherheit auch von der Generation der Lebensästheten oft und gerne beklagt wird, ruft doch gerade das konsequente Beharren auf der Allgemeingültigkeit der eigenen Werte jene Unbehaglichkeit und Fremdheit hervor, die für die Großstädte des Westens so kennzeichnend geworden ist. Dies natürlich um so mehr, je weniger Menschen bereit sind, auf die Durchsetzung der eigenen Vorstellungen zu verzichten. Die vielgerühmte Freundlichkeit und Zugänglichkeit von Bewohnern der von lebensästhetischen Vorstellungen noch wenig berührten Peripherie (Irland!) ist nur um den Preis der Wiedererrichtung einer von allen geteilten Werteordnung möglich, die demjenigen, der auf eigene Vorstellungen pocht, nur die Möglichkeit der Auswanderung offenläßt.

Das globale Dorf, das die Geborgenheit, Überschaubarkeit und Berechenbarkeit bietet, die real existierende Metropolen so schmerzlich vermissen lassen, ist eine jener heroischen Konstruktionen, die der Lebensästhet der globalen Unwirtlichkeit entgegenstellt. Wie in seinem ländlichen Pendant verschwimmen im Global Village die Grenzen von Öffentlichkeit und Privatheit, die kognitive Karte triumphiert über die reale Geographie. Der Freund in Kanada ist dann schließlich doch näher als der Nachbar hinter der Wohnzimmerwand. Das selbstgeknüpfte Netzwerk, das weltweit gespannt sein kann und doch auf lokale Kumulationen angewiesen ist, entspricht der Idee der klassischen Dorfgemeinschaft funktional, seine Teilnahmebedingungen jedoch sind radikal andere. Der Rekurs auf die »heile« Kleinstadtidylle dient der Beschwörung des »Guten Netzwerks«, das wirkliche Landleben dagegen ist dem Lebensästheten ein Greuel.

Der Feind in meinem Bett

Seine Heimat mag der Lebensästhet in den freundschaftlichen Netzwerken finden, jenen potentiell weltweit vernetzten Dorfgemeinschaften, die reale Hilfe ebenso bieten wie unverbindliches Nebeneinander from-coast-to-coast, sein tatsächlicher Aufenthaltsort jedoch ist die eigenschaftslose Stadt. Diese globale Metropole, die neben dem obligatorischen Szeneviertel einen internationalen Flughafen, eine Universität und ein halbwegs funktionierendes Telephonnetz bereithält, bietet die austauschbaren Requisiten der lebensästhetischen Existenz. Bei Ikea finden wir uns immer zurecht, McDonalds stillt den Hunger auch von Rucola-Fetischisten, wenn die Alternative gedünsteter Hundemagen oder Berliner Eisbein lautet. Zwischen Hongkong und Neukölln besteht für den Lebensästheten kaum ein Unterschied. Es sei denn, er hat seinen Wohnort, sein Stadtviertel, den Ort oder das Land selbst zum Teil seines ästhetischen Konzeptes erhoben. Dann allerdings wird ihn kaum etwas vom einmal gewählten Aufenthaltsort abbringen können. Letztlich aber zählt vor allem die Möglichkeit, das lebensnotwendige Freundschaftsnetzwerk aufrechterhalten zu können. Ansonsten nehmen Lebensästheten verhältnismäßig wenig von ihrer häufig wechselnden Umgebung wahr: »Es ist egal, wo du bist, du machst eh, was du willst!« Selbst »unmögliche« Orte werden allein durch die eigene Anwesenheit zu bedeutsamen Schauplätzen, lokale Besonderheiten werden eher als exotische Marotten betrachtet, weniger als ernsthafte Beeinträchtigung der lebensästhetischen Konstruktion.

Das Empfinden von Fremdheit ist ein ständiger Begleiter des Lebensästheten. Ist die Orientierung in der weltweit genormten eigenschaftslosen Stadt, mag sie Seoul oder Wuppertal heißen, noch verhältnismäßig einfach, so tun sich oft genug Abgründe gerade dort auf, wo die Vertrautheit vermeintlich am größten ist. Der Feind lauert nicht mehr in Moskau, sondern im gemeinsamen Bett, Saddam Hussein verliert im Gegensatz zu Katja, Ralph oder Peter jeden Schrecken. Trotz ähnlicher soziologischer Merkmale, wie Alter, Bildung, Einkommen und selbst Milieuzugehörigkeit, sind die Unterschiede, die Lebensästheten voneinander trennen, enorm.

Allein ein gemeinsamer Lebensmittelkauf läßt Welten kollidieren – vor dem Käseregal kommt es nicht selten zum beziehungstherapeutischen Showdown! Wenn schon die Wahl der Käsesorte selbst den vertrauten Partner zum unberechenbaren Alien werden läßt, welche Fallen lauern dann noch im lebensästhetischen Miteinander?

Doch die Inflation des Fremden relativiert Fremdheit. Es kann einfacher sein, sich mit einem siebenundachtzigjährigen Weltkriegsveteranen zu identifizieren als mit dem gleichaltrigen Mitbewohner in der WG! Die Chance dieser Allgegenwart des extrem Fremden aber liegt darin, daß lebensästhetische Netzwerke auch jenseits der ausgetretenen Pfade traditioneller Milieuzugehörigkeiten etabliert werden können. Die Kommunikation mit dem Unvertrauten ist zur alltäglichen Aufgabe geworden. Wenn der Feind in meinem Bett lauert, so ist umgekehrt die Welt auch voller potentieller Freunde.

Auf der anderen Seite aber erfordert es ständig Mut und Einsatz, das Fremde zu entschärfen. Die verbreitete Furcht vor dem Fremden bedeutet so vor allem eine Kapitulation vor dieser Aufgabe. Angesichts der eigenen Erfahrung der Undurchdringlichkeit des »nahen Fremden« wird das scheinbar »ferne Fremde« zur vollends unkalkulierbaren Bedrohung.

Die Kindheit endet niemals

DIE ZEICHEN(1)

Was ist los, wenn überzeugte Vegetarier in die Kohlroulade beißen oder Chemiegegner mit Heißhunger über farbstoffverseuchte Süßigkeiten herfallen? Die Antwort liegt nahe: Der kleine Lebensästhet in Ringelpulli und mit Topfschnitt-Ponyfrisur reitet wieder durchs Legoland. Er ergötzt sich an Star-Wars-Spielzeug und Cola-Lolli, erinnert sich wohlig an die Klebebilder für die Fußball WM 1982, an Slime und Jojos und die erste selbstgekaufte Platte. Lassie rettet wieder Leben und »Mein Onkel vom Mars« tappt durch billige Studiodekorationen.

Lebensästheten sprechen häufig und gern über ihre Kindheit. Infantilität ist zum ständigen Begleiter einer Generation alternder Boys und Girlies geworden. Kindliche Verhaltensmuster, Vorlieben und Rituale werden auch im Erwachsenenalter mit Begeisterung kultiviert, und in den unterschiedlichsten Lebenslagen werden assoziative Bögen in die eigene Kindheit geschlagen. Dabei ist die Absurdität solchen Verhaltens den Lebensästheten durchaus bewußt, Legitimität bezieht es aus der nahtlosen Einbindung in die jeweilige lebensästhetische Konstruktion einerseits, durch den Bezug auf den einzigen Fixpunkt lebensästhetischer Existenz, die eigene Vergangenheit, andererseits.

Der Lebensästhet schwelgt in Erinnerungen an seine Lieblingsprodukte und -fernsehserien, an eigene seltsame Verhaltensweisen und die Marotten seiner Nächsten. Seine Kindheit diente weniger der Vorbereitung auf das Erwachsenendasein als der Kultivierung spezifischer ästhetischer Programme. Und tatsächlich gibt es für ihn wenig Anlaß, eine klare Trennlinie zwischen Kindheit und Erwachsensein zu ziehen, denn die Kombination aus radikalem Eigensinn und der Notwendigkeit, sich durch Aushandeln mit anderen ins Benehmen setzen zu müssen, bleibt für sein Lebensmodell bestimmend, ob als Kind am familiären Abendbrottisch oder später am eigenen Arbeitsplatz. Doch das Aushandeln ist mühsamer geworden, auf die in vielen Jahren eingeübten familiären Verhandlungsrituale muß der Lebensästhet als Erwachsener verzichten. Und so bleibt die ewige Sehnsucht nach der nicht mehr zu erreichenden Geborgenheit einer Familie – vielleicht die letzte verbliebene Utopie!

Die Kindheit des Lebensästheten ist die Zeit des Fetischismus. Hier lernt er die Lektion, daß Gegenstände ebenso reich an Bedeutungen sind wie Ereignisse und Menschen. Produkte, Waren – Dinge an sich – nehmen für denjenigen, der sich nicht mehr über Gruppenzugehörigkeit definiert, naturgemäß einen hohen Rang ein. Doch genau aus diesem Grund ist unser Lebensästhet ein ausgesprochen schwieriger Kunde. Das gute alte Markenprodukt lockt ihn, wenn er sich der aus seiner Sicht höchst anspruchsvollen Aufgabe gegenübersieht, etwas kaufen zu müssen, kaum hinter dem Ofen hervor.

Hält die lebensästhetische Konstruktion für das benötigte Produkt noch keine eindeutige Festlegung bereit, so ist ein quälender Prozeß der Introspektion vonnöten. Einen Staubsauger oder gar Kaffeefilter zum bedeutungsschwerren Bestandteil einer in sich stimmigen Biographie machen zu müssen, ist ein Unternehmen, das vor zwanzig Jahren Kopfschütteln ausgelöst, vor fünfzig Jahren den direkten Weg in die Psychiatrie bedeutet hätte. Doch Komplexität dieser Art ist für den Lebensästheten Alltag. Wo jedes noch so winzige Detail zum Baustein des Gesamtkunstwerks »Ich« werden kann, gibt es einfach nichts Unwichtiges. Es sei denn, es wird bewußt dazu erklärt. Die allseits beklagte »Reizüberflutung« angesichts solcher Auswahlprozesse ist ein Schritt auf dem Weg zur sicheren Beherrschung des lebensästhetischen Imperativs. Denn ist ein lebensästhetisches Gebäude erst einmal errichtet, funktioniert es mit schlafwandlerischer Sicherheit völlig unabhängig von äußeren Umständen. Die Konzentration auf bestimmte ausgewählte Details führt zu einer vollständigen Ignoranz gegenüber allen anderen ein für allemal ausgeschiedenen Alternativen.

Was der einzelne jeweils an Gegenständen, Waren oder Handlungen auswählt, mit Bedeutungen auflädt und zum Teil der individuellen Lebenskonstruktion erhebt, ist vollständig unkalkulierbar. Der ordinäre Schokoriegel taugt, zumal wenn er nur um 2 Uhr morgens im Badezimmer verspeist werden darf, ebenso dazu wie das geliebte Fundstück vom Schrottplatz.

Der Lebensästhet ist deshalb der Alptraum jedes Marktforschers. Millionen radikal unterschiedliche Lebensentwürfe und scheinbar willkürlich wechselnde Präferenzen für Dinge, die sich teilweise nicht einmal serienmäßig herstellen lassen (Kennen Sie einen Hersteller, der genau die Würstchen, die mir vor 20 Jahren nach der Schule in Alsfeld immer so gut geschmeckt haben, auch heute noch europaweit vertreibt?), sind mit den gängigen Meßinstrumenten nicht mehr zu erfassen. Immerhin konnte die besondere Fixierung der Lebensästheten auf ihre Kindheit durch die Retro-Trends der letzten Jahre noch halbwegs auf einen Nenner gebracht werden. Doch da diese Trends immer an die spezifischen (teils unbewußten) Jugenderinnerungen einer Generation gekoppelt sind, können sie nicht wahllos inszeniert werden, zumal spätestens die nach 1985 Geborenen kaum mehr über eine einheitliche, leicht wiedererkennbare ästhetischen Sprache, die ihre Jugend geprägt hat, verfügen dürften.

Atomtod im Legoland

DIE ZEICHEN (1)

Ein prägendes Moment der um 1970 Geborenen war die Friedensbewegung, die den drohenden Weltuntergang frei Haus lieferte.

Das Tragen eines Peace-Badges bot zwar im Ernstfall wenig Schutz, vermittelte aber schon 12jährigen, daß sie Verantwortung für die Welt als Ganzes trügen.

Von Anfang an schwebt über den Lebensästheten die Drohung des Weltuntergangs. Ob der kleine Lebensästhet von engagierten Eltern auf Demonstrationen und Ostermärsche geschleppt wurde oder vor dem heimatlichen Fernseher auf zaghafte Fragen von der Verwandschaft ein »ach, da kann man ja doch nichts machen« entgegengeschleudert bekam – irgendwie haben Atomkrieg und Klimakatastrophe ihren Weg in jede noch so abgelegene Kinderstube gefunden. Aber im Gegensatz zu konkreten Gefahren wie Hunger, Bürgerkrieg oder Naturkatastrophen blieb die Bedrohung abstrakt. Auf die persönliche Lebenswelt hatte sie keine unmittelbaren Auswirkungen. Doch wer sich jeden Morgen auf dem Schulweg ausgemalt hat, daß zwischen Mathe und Chemie die Bombe fällt, hat natürlich ein anderes Verständnis von Bedrohung und Gefahr als derjenige, für den die Zwei in Physik das Maß aller Dinge darstellte. Gefahr bedeutet also vor allem die größte anzunehmende Katastrophe, solange sie ausbleibt, ist nichts wirklich bedrohlich.

Das Leben im Schatten der Apokalypse führt nicht zu verängstigten Individuen, die sich in den Schutz der großen Gemeinschaft ducken – ganz im Gegenteil. Gerade den »mittelgroßen« Organisationen – letztlich allem, was zwischen dem »Ich« des Lebensästheten und der globalen Bedrohung existiert – entzieht die Große Katastrophe ihre wirkliche Bedeutung. Was helfen schließlich all die angeblich so unverzichtbaren Vereine, Verbände und Institutionen gegen das finale Desaster?

Auch deshalb erscheinen die Ängste um Rente und dreizehntes Monatsgehalt für den Lebensästheten irrelevant. Wo Atomkrieg und Klimakatastrophe ihre langen Schatten ins Kinderzimmer warfen, zählen nur noch globale und individuelle Probleme. Der beliebte Spruch »Global denken, lokal handeln« hat im Reich der Lebensästheten uneingeschränkte Gültigkeit. Das lokale Handeln sieht allerdings doch etwas anders aus, als die Öko- und Friedens-Enthusiasten von einst sich das vorgestellt haben. Das Lokale nämlich ist vor allem das Hyperlokale – also in erster Linie ICH, allenfalls noch das freundschaftliche Netzwerk!

Neben dem Weltuntergang hält der lebensästhetische Alltag auf dieser Ebene eine Menge Gefahren und Herausforderungen bereit, die entschiedenes Handeln verlangen. Das frei schwebende Angstpotential hat sich letztlich von der Apokalypse abgewandt und beschäftigt sich eher mit Fragen wie »ist der grüne Badezimmerschrank nun ein adäquater Ausdruck meines Lebensgefühls oder nicht?«. Auch der Hunger in der Dritten Welt muß sich den Terminplaner mit der ewig unvollendeten, aber fest ins individuelle Biographie-Korsett eingeplanten Uni-Hausarbeit teilen.

Paradox genug, unter dem Ozonloch tummeln sich ausgesprochen zuversichtliche Menschen. Denn Lebensästheten sind Idealisten, wenn auch mit ziemlich egoistischen Motiven. Trotz Selbstbezogenheit und Abneigung gegen Organisationen und Parteien ist das lebensästhetische Universum deshalb auch nicht die rücksichtslose »Ego-Gesellschaft«, als die sie leicht erscheinen kann. Ebenso wie ausgefeilte Lebensgewohnheiten mit höchst eigenwilligen Begründungsmustern kultiviert der Lebensästhet Aktivitäten, die man im weitesten Sinne als »politisches Engagement« bezeichnen würde. Und als Idealist tut er das dann auch ohne Rücksicht auf (persönliche materielle) Verluste. Halten ästhetische Festlegung und Filofax die entsprechenden Freiräume bereit, zieht er, statt an seiner Karriere zu basteln, in ein Baumhaus, um den Bau der A33 zu verhindern, kampiert auf Gen-Äckern oder rundet seine Biographie vor Gorleben ab. Das alles selbstverständlich bei immer wieder bekundeter Politikverdrossenheit ...

Die Gelassenheit, ja Ignoranz, die Lebensästheten den ritualisierten Schattenkämpfen mit sich selbst ringenden

Institutionen entgegenbringen, kontrastiert eben um so stärker mit der gelegentlichen Hysterie, die seine »privaten« Angelegenheiten begleitet. Und »privat« ist auch der Shell-Boykott, der Kampf gegen den Immobilienhai oder gegen die Umgehungsstraße.

In Berlin formierte sich jüngst ein Demonstrationszug gegen die Schließung von Postämtern. Insbesondere für alte Menschen sei der Weg zu entfernter gelegenen Filialen eine Katastrophe. Die Demonstration setzte sich dann allerdings weder aus von Arbeitslosigkeit bedrohten Postbediensteten noch aus Rentnern zusammen, sondern vor allem aus im Schnitt fünfundzwanzigjährigen »Kiezaktivisten«, Stadtplanungsstudenten und verspäteten Disco-Heimkehrern. Was diesen sonnigen Samstagnachmittag dennoch zu einer Sternstunde der Zivilgesellschaft machte, ist die Tatsache, daß jenseits von Postgewerkschaft und Rentnerbund höchst eigenständige Individuen für einen kurzen Moment und ganz unverbindlich eine temporäre Allianz eingegangen sind.

Schlachthäuser der Lebensästhetik

Die High-Tech-Welten der Achtziger aus Chrom und Edelstahl wurden zu Beginn der neunziger Jahre von Rost und Staub abgelöst. Die zerfallende Industriegesellschaft versorgte Szenekneipen und Studentenwohnungen mit Schrott-Accessoires. Und auch heute mag kaum ein Video-Clip auf den maroden Charme düsterer Fabrikruinen verzichten.

Unter Lebensästheten finden sich zwei verschiedene Einstellungen zur eigenen Wohnung. Beiden gemeinsam ist, daß die Wohnung einem Museum gleicht. Im ersten Fall ist der Bewohner, nennen wir ihn den urbanen Nomaden, selbst das Ausstellungsstück, im zweiten schwebt über der sorgsam zusammengetragenen Kunstgewerbesammlung, die in der Regel gern und stolz vorgeführt wird, das »Berühren verboten«, das ein Arrangement geschichtsträchtiger Artefakte von dem ehrfürchtigen Betrachter trennt. Für diesen zweiten Typus, den Museumswärter, ist die Wohnung eine zweite Haut. Wie jeder Aristokrat hat er sich einen Palast errichtet, den er mit den Insignien seiner Souveränität ausschmückt. Der bei Lebensästheten so oft anzutreffende starke Bezug zur eigenen Kindheit ist beim Museumswärter besonders stark ausgeprägt. Die Legitimation von Aristokratie ist Herkunft, und so sind es vor allem Marksteine der eigenen Biographie, die sich in den scheinbar banalen Accessoires einer solchen lebensästhetischen Gerümpelsammlung widerspiegeln.

Eines nämlich kann nicht oft genug betont werden: Lebensästhetik hat nichts mit Schönheit, Stil oder Geschmack zu tun. Lebensästheten können Menschen ohne das geringste (klassisch-)ästhetische Empfinden sein. Gerade die ästhetischen Desaster, die ein ausgeprägter Wille zur eigenständigen Gestaltung der Wohnung in solchen Fällen auslöst, überzeugen von der Ernsthaftigkeit lebensästhetischen Sendungsbewußtseins. Geschmack kann man kaufen, ein fähiger Innenarchitekt oder das schwedische Möbelhaus liefern gelungenes Design, doch Lebensästheten wollen mehr und anderes. Die Wohnung ist die primäre Folie der Selbstdarstellung. Was zählt, sind Wille und persönliche Überzeugung. Der Lebensästhet ist zufrieden, wenn er den paar Quadratmetern Welt, über die er uneingeschränkt gebieten kann, den Stempel seiner Weltsicht aufdrücken kann, selbst dann, wenn der Besucher sich mit Grausen wendet.

Die Steigerungsform des Museumswärters ist der urbane Nomade. Er hat die ganze Welt zum Bauplatz seines Gesamtkunstwerkes gemacht. Potentiell jeder Ort dient ihm als Hintergrund seiner Bemühungen um das perfekte Leben. Bindet der Museumswärter Emotionen und Assoziationen an kleine Gegenstände mit eigener Geschichte, so dienen dieser extremen Spielart des Lebensästheten beliebige Settings (winterlicher Sonnenaufgang hinter einer Müllverbrennungsanlage in einem Vorort von Brüssel) als bedeutungsvoll aufgeladene Puzzleteile seiner Autobiographie. Besitz spielt für ihn wirklich keine Rolle mehr, denn er wähnt sich im Besitz der Wahrheit. Was ist dagegen schon ein hübsches Sofa?

Urbane Nomaden können besichtigt werden. Wohnzimmergalerien, deren wichtigstes Ausstellungsstück der Bewohner selbst ist, werden in den Hochburgen der Lebensästhetik zu einem vertrauten Phänomen. In Hotellobbies (obwohl er nicht dort wohnt), auf Flughäfen (obwohl er keine Reise unternehmen will) und an einer großen Zahl vollständig unmöglicher Orte wie Klärwerken, Braunkohlegruben oder schmierigen Vorstadtdestillen unbekannter Industriestädte Osteuropas findet man den urbanen Nomaden auf der Suche nach dem perfekten, außergewöhnlichen Rahmen seiner einzigartigen Existenz.

L'État, c'est moi

DIE ZEICHEN(1)

Jeder Lebensästhet ist ein Aristokrat. Sein selbstgeschaffenes Fürstentum regiert er mit absoluter Souveränität. Seine Existenz ist nicht in erster Linie an weltlichen Zielen, an der tätigen Moral des Bürgertums orientiert, sondern dient vor allem der Ausgestaltung seines Herrschaftsbereiches. Sein Handeln entspringt nicht dem Lustprinzip, sondern der Verpflichtung gegenüber dem eigenen Ehrenkodex. Sein Ziel ist die Perfektionierung des Seins, die würdige Ausstattung der Gegenwart und die Inszenierung einer glorreichen Geschichte. Arbeit dient dem Lebensästheten nicht als Selbstzweck, Freizeit nicht als Oase der Selbstverwirklichung. Die Verpflichtung gegenüber den selbstgewählten Insignien seiner Würde ist vielmehr allumfassend. Die Ritter der Neomoderne gebieten über einen Herrschaftsbereich, der nicht mehr als eine Person umfaßt, die Mittel jedoch, die der Gestaltung ihrer Herrschaft dienen können, sind unbegrenzt. Ihre Tafelrunde ist weltweit vernetzt, ihre Paläste können Kontinente umfassen.

In Deutschland werden bis zum Jahr 2006 Vermögen in Höhe von 2,6 Billionen Mark vererbt. Für nicht wenige eröffnet sich damit tatsächlich die Möglichkeit, dem tätigen Leben zu entsagen und, wenn auch in den meisten Fällen durchaus bescheiden, ihr Dasein in erster Linie der Umsetzung des lebensästhetischen Imperativs zu widmen, anstatt die ökonomischen Zwänge der Lohnarbeit zum Lebenssinn verklären zu müssen. Doch auch die zunehmende Unterstützung durch Eltern, die das Treiben ihrer Sprößlinge mit bisher nicht gekannter Langmut auch in fortgeschrittenem Alter subventionieren, ja selbst der ungesicherte »McJob«, der über das Geldverdienen hinaus keinerlei Identifikation erfordert, machen den Lebensästheten von der Ökonomie unabhängig. Das bedeutet nun aber nicht, daß sich die Mechanismen einer postmaterialistischen Ethik wie gehabt nur auf wenige wohlhabende Müßiggänger beschränken.

Der Einstellungswandel ist vielmehr allumfassend. Entscheidend ist, daß sich Identität und – an Einkommen und Position meßbarer – wirtschaftlicher Erfolg entkoppelt haben.

Aristokratisches Dasein ist prä-ökonomisch. Solange die Existenz – auf welche Art auch immer – gesichert ist, sind wirtschaftliche Erwägungen irrelevant. Das bedeutet natürlich nicht, daß ökonomische Mechanismen dem Denken des Lebensästheten vollständig fremd wären. Hinter sich gelassen hat er lediglich die Sphäre lebenslangen Angestelltendaseins. Ökonomie hat für ihn nicht so sehr mit Geldverdienen zu tun, sondern wird als wesentlich umfassenderes Modell von Abwägungs- und Aushandlungsprozessen verstanden, das immer dann notwendig wird, wenn er mit anderen Aristokraten in Kontakt tritt. Ökonomie ist Außenhandel eines Fürstentums, das ansonsten nach den irrationalen Prinzipien lebensästhetischen Gottesgnadentums regierten wird. So groß die Souveränität im Innern auch sein mag, über die Welt seiner Mitmenschen will und kann der Lebensästhet keine Herrschaft erringen. Und so fehlt das unvermeidliche Pendant zum Herren, der Diener nämlich, in der Welt des Lebensästheten völlig. Das einzige Modell menschlichen Zusammenlebens ist das der Diplomatie zwischen souveränen Herrschern.

Soweit die Normen der Ritterlichkeit eingehalten wurden, war die Moral des Aristokraten eine utilitaristische. Das romantische Sehnen des Bürgers nach Ganzheitlichkeit war ihm vollständig fremd. Und so wie der dekadente Adlige dem moralisierenden Bürgertum des 18. Jahrhunderts ein Greuel war, so verständnislos wird die Neue Moral der Lebensästheten heute nur allzuoft mit Werteverfall und egoistischem Opportunismus verwechselt.

Die Lebensästheten sind also kleine Despoten, die ihre eigene identitätsstiftende Nation errichtet haben. Eine

Nation, die ihre Geschichte pflegt (Kindheit, eigene Biographie) und ihre spezifischen Symbole, Flaggen, Wappen, Uniformen (Wohnung, Styling etc.), stolz präsentiert. Solange die Grenzen unangetastet bleiben, lebt sie mit ihren Nachbarn in friedlicher Koexistenz, ohne ihnen doch allzu freundschaftlich zugeneigt zu sein. Zweckbündnisse, um das eine oder andere festumrissene Ziel zu erreichen, sind aber nicht ausgeschlossen. Erst wenn Fremdherrschaft oder Eroberung (Bevormundung, institutionelle Zwänge) drohen, werden selbst friedliche Gemeinwesen zu verschworenen Verteidigungsgemeinschaften. Tägliche Kontrollgänge an den Grenzen warnen den Herrscher vor bedrohlichen Situationen, die die ungestörte Entfaltung seiner Herrschaft gefährden. Brennende Asylantenheime, Umweltkatastrophen, Kriege und Krisen in aller Welt werden auf ihr Bedrohungspotential gegen die Unversehrtheit des lebensästhetischen Projektes überprüft. Im Falle eines Falles entscheiden sich die kleinen Kabinette zur Generalmobilmachung, greifen zur Kerze und halten Mahnwachen ab, boykottieren oder demonstrieren. Diese Blauhelmmissionen der souveränen Lebensästheten sind natürlich kurzlebige Aktionen. Verschwindet die Bedrohung, erlahmt sofort das Engagement. Auf den Mechanismus allerdings kann man sich verlassen.

Exzentriker, Dandys, Führer und Kaiser

Es gibt einige Verwandte des Lebensästheten, die eine nähere Betrachtung verdienen. Was unseren Protagonisten vor allem von ihnen unterscheidet, ist die Tatsache, daß er Teil eines Massenphänomens ist. Bei seinen Vettern im Geiste dagegen handelt es sich immer nur um wenige, besonders exponierte Individuen. Die Vorstellung aber, die eigene Person als eigenständiges Gesamtkunstwerk gestalten zu können (oder zu müssen), schlägt den Bogen von den biederen Alltagsexzentrikern der Neunziger zu den großen Monomanen der Geschichte.

Oscar Wilde sagte, man solle entweder ein Kunstwerk tragen oder ein Kunstwerk sein. Und Adolf Hitler wollte gar die ganze Welt zu einem grausigen Gesamtkunstwerk als Ornament seiner selbst ausgestalten. Ludwig II. oder Wilhelm II. verbanden persönliche Obsession und herrscherliche Repräsentation. Traditionelle Repräsentationspflichten kreuzten sich mit exzessiver persönlicher Selbstdarstellung, »eigene Biographie« und Weltgeschichte fielen zusammen.

Kaiser und Führer, Exzentriker und Dandy sind Modelle einer radikalen Individualisierung. Das Ich feiert sich in Posen und Uniformen und reißt um seiner selbst willen Staaten in den Abgrund, brüskiert durch Unnahbarkeit und Radikalität oder schreckt durch absurde, verschrobene Ideen. Doch überall dort, wo sich mehrere Egomanen in die Quere kommen, das heißt in jeder pluralistischen Gesellschaft, sinkt das Risiko, das von der konsequenten Durchsetzung individueller Obsessionen ausgeht.

Im Gegensatz zu den extremen Figuren verfügt der einzelne Lebensästhet über sehr viel weniger Mittel, seine Vorstellungen vollständig zu realisieren. Er stößt sehr schnell an die Grenzen, die ihm von anderen Lebensästheten gesetzt werden, die ebenfalls an der Ausgestaltung ihrer eigenen Weltgebäude arbeiten. Und ihm fehlt die begeisterte Schar glühender Anhänger und fanatischer Jünger, die sich selbst kleiner machen, um den Großen erst im rechte Lichte erscheinen zu lassen. Statt Fanclub und Hofschranzen umgibt ihn eine mißtrauische Umgebung, die, statt Bewunderung zu spenden, regelmäßig die Daseinsberechtigung lebensästhetischen Größenwahns in Frage stellt. In den Demokratien wurde so aus dem großen Diktator eine unüberschaubare Zahl kleiner Tyrannen, und je mehr Egozentriker ein Gemeinwesen aufweist, desto freiheitlicher ist es in der Regel auch.

Der Lebensästhet ist Alltagsexzentriker. In Ermangelung der überschäumenden Phantasie der »echten« Exzentriker beziehen sich die Mechanismen des Andersseins eher auf banale Alltagsdetails. Die Vorliebe für Fischstäbchen oder Duftgeranien jedenfalls mag für den Beobachter als wenig außerordentlich erscheinen, die Überzeugung, mit der sie vertreten werden, ihre mehr oder weniger geglückte Einordnung in ein selbst geschaffenes Weltgebäude allerdings ähneln durchaus den Schrullen eines wirklichen Exzentrikers.

Der »deutsche Dandy« Andreas Baader weigerte sich, bei der Guerilla-Ausbildung in Jordanien einen Kampfanzug zu tragen, und robbte im Samtanzug durch den Wüstensand. Seine zivilen Nachfahren würden niemals ohne Mineralwasserfläschchen das Haus verlassen oder meiden die Farbe Rosa wie den Teufel ...

Lebensästheten auf der Leinwand

Entgegen der verbreiteten öffentlichen Klage, Fernsehen und Kino würden immer weniger alltägliche Realität zeigen, sieht sich der Lebensästhet permanent selbst auf der Leinwand zu. Statt fremder Welten, die Fernsehen und Kino einst zum Fenster machten, durch das bescheidene Existenzen in die große weite Welt hinaus blicken konnten, findet sich heute auf den Leinwänden mehr und mehr Vertrautes. Die Identität von Zuschauer und Gezeigtem war in Kino und TV wohl noch nie so groß wie heute. Nicht mehr die Welten der Schönen und Reichen werden verherrlicht, sondern Heerscharen junger Menschen »wie du und ich« ziehen in Talkshows, Daily Soaps und unzähligen »Generation-X-Filmen« an uns vorbei. Der Lebensästhet wird scheinbar nicht müde, sich und seinesgleichen bei seinen alltäglichen Verrichtungen zuzuschauen.

Letzte Zuflucht vor all den McJobbern, Durchwurschtlern und jugendlichen Selbstverwirklichern boten bis vor kurzem höchstens Action- oder Science-fiction-Filme. Doch selbst in den unendlichen Weiten des Weltalls kämpft Kpt. Kirk nicht mehr gegen schleimige Monster, sondern die Next Generation verhandelt mühsam die Psychoprobleme der Crew. Auch in den Sphären gepflegten Kunstgewerbes ist man vor dem Lebensästheten nicht mehr sicher.

Peter Greenaway zeigte in seinem Film »Bettlektüre« einen besonders radikalen Fall lebensästhetischer Determination. Entsprechend ist das Geschehen für den Zuschauer auch ausgesprochen sinnlos. Denn was dem jeweiligen Lebensästheten wichtig ist, muß dem anderen keineswegs als sinnstiftende Lebensaufgabe erscheinen. Greenaways Protagonistin hat sich mit dem für Lebensästheten gebotenen Ernst einer ebenso exotischen wie stereotypen Leidenschaft verschrieben: Sie widmet sich der Körpertypographie. Das heißt sie bemalt die Körper ihrer willigen Opfer mit kalligraphischen Zeichen. Wer sie dabei stört, steht im Weg – im Vergleich zu ihrer Passion ist der Tod ihres Liebhabers ein eher zweitrangiges Ereignis. Obwohl sie durch ihre Ignoranz durchaus zum Suizid des vernachlässigten Anbeters beigetragen hat, verkündet die Heldin am Bett des erfolgreichen Selbstmordkandidaten natürlich, daß es ihr »ja echt leid tut«, gestern so stur gewesen zu sein! Doch Lebensästheten sind unschuldig, und das gilt auch für Körpertypographinnen. Denn ihre Verpflichtung galt schließlich nur dem eigenen Ziel, und demgegenüber hat sie absolut moralisch gehandelt. Unwichtiges, wie ihr Freund, hat in ihrem lebensästhetischen Gebäude keinen Platz, er ist Teil einer irrelevanten Außenwelt.

Der »wahre« Schuldige wird natürlich auch noch gefunden. Es ist der schwule Verleger, der die auf den Körper des nun verstorbenen Liebhabers gemalten Werke veröffentlichen wollte. Da der Habgierige nichts Besseres zu tun hat, als dem Toten das buchstabengeschmückte Fell über die Ohren zu ziehen, um doch noch ein Buch daraus zu machen, ist klar, wer hier der Bösewicht ist.

Das wirre Potpourri diese Films ist der Stoff, aus dem Lebensästheten gemacht sind. Selbst extreme Umstände können sie, haben sie einmal ihre Bestimmung gefunden, vom Weg zum Gesamtkunstwerk nicht abbringen. Nach zwei Stunden Film – um der Liebe zur Körpertypographie willen sind unterdessen auch mehrere Häuser in Flammen aufgegangen – hat unsere Lebensästhetin plötzlich genug vom Buchstabenmalen. Die Schlachtfelder, die sie auf ihrem Weg hinterlassen hat, lassen bei ihr die – treffende – Erkenntnis reifen, nun habe sie genug erlebt und könne endlich ihre eigenen Empfindungen niederschreiben. Wer Lebensästheten kennt, weiß, daß ihr eigensinniges Toben meist mit einer starken Fixierung auf die Eltern verbunden ist. Und so nimmt es nicht Wunder, daß gerade der permanent verklärte Vater unserer Heldin Cheftypograph und Körperinterpret jener »Pillow-Books« war, deren Übertragung auf nackte Haut die Tochter bisher in Atem hielt.

Kritiker haben diesen Film als Ausdruck sexueller Obsessionen (bemalte Körper!) deuten wollen, Tod und Fetisch als seine Themen. Tatsächlich aber konnte man in der letzten Zeit selten eine so radikale Illustration lebensästhetischer Fixierung bewundern wie in diesem Werk. Daß der Film perfekt designt ist und gleichzeitig todlangweilig, ist da nur konsequent!

Geronto A Gogo

DIE ZEICHEN(1)

Während 20jährige geruhsame Wanderungen im Harz durchaus zu schätzen wissen, verausgaben sich ihre Großeltern immer öfter bei Trekking, Fallschirmspringen und anderen Extremsportarten.

Bisher sind die Lebensästheten als Generation X dahergekommen, als 89er, als jugendliche Insassen des notorischen Selbstverwirklichungsmilieus. Doch die Idee der Lebensästhetik ist natürlich mehr als das Stochern im Nebel einer weiteren Jugendszene. Lebensästhetik ist eine Haltung, die, von Kindesbeinen an verinnerlicht, für den Rest des Lebens wirksam bleibt. Und wenig spricht dagegen, daß auch die Kinder der Lebensästheten wiederum die Schöpfer radikal eigenständiger Biographien und Moralgebäude sein werden. Denn die Bedingungen ihrer Existenz werden, das absehbare Scheitern des »moralischen Rollbacks« einmal vorausgesetzt, die gleichen sein wie die ihrer Eltern.

Erscheinungen alternder Lebensästheten sind naturgemäß noch recht selten, denn geboren wurde unser Protagonist in den Umwälzungen von 1968 ff. Die wenigen, die schon vor den sechziger Jahren ein lebensästhetisches Dasein praktiziert hatten, mußten sich mit einem zweifelhaften Ruf als Außenseiter zufriedengeben. Künstler, Bohemiens, »Gammler« und »Versager« waren die Pioniere einer Haltung, die erst in den letzten Jahren zu einem allumfassenden kulturellen Phänomen aufgestiegen ist.

Dabei bedeutet Lebensästhetik auch, daß Alter als bestimmendes Maß für akzeptierte Verhaltensweisen, Wertauffassungen und ästhetische Schemata keine Rolle mehr spielt. Was sich für einen Zwanzig-, Fünfzig- oder Achtzigjährigen ziemt, ist schon heute unklarer als jemals zuvor. Rüstige Rentner joggen durch unsere Wälder, Seniorengruppen finden sich zum Snow-Rafting am Himalaja ebenso zusammen wie zum Besuch von Techno-Raves. Sogenannte »junge Alte« haben die Vorteile einer Gesellschaft, in der biologisches Alter immer weniger zählt, für sich entdeckt. Gerade die Generation der Alt-68er glaubt auch mit Ende fünfzig noch fest daran, Jugendlichkeit auf immer für sich gepachtet zu haben. Reife SPD-Politiker bezeichnen sich kokett als Enkel, Vierzigjährige verstopfen Szenekneipen und Seminare.

Jugendlichkeit, das einzige, was junge Menschen bisher wirklich ganz für sich allein hatten, ist zum frei verfügbaren Baustein beliebiger Biographien geworden, das »warum nicht ?« studierender Pensionäre und mädchenhaft gestylter Mittfünfzigerinnen zeigt, wie attraktiv die lebensästhetische Gestaltung des eigenen Daseins auch für die Älteren bereits geworden ist.

Die positive Wertschätzung von Jugend ist allgegenwärtig, und doch ist die Tendenz gestiegen, die Jugendlichen selbst vor allem als Problemgruppe wahrzunehmen. Jugendliche sind kriminell und perspektivlos, sie verursachen eine »Ausbildungskatastrophe« und verweigern sich der Solidargemeinschaft. Meist geistern sie schwer bewaffnet auf der Jagd nach Ausländern durch die Gazetten. Nachrichtenmagazine und Forschungsinstitute versuchen, ihnen mit immer neue Jugendstudien auf die Schliche zu kommen.

Der ganze Rummel um »die Jugend« verdeckt aber vor allem die Tatsache, daß Jungsein als Kriterium für die Eingrenzung von Lebensmodellen ausgedient hat. Wo Siebzigjährige Wasserski laufen, können wir doch gleichzeitig beobachten, daß Spazierengehen, Kaffeekränzchen und ausgiebige Gespräche über die eigenen Zipperlein durchaus zum vertrauten Repertoire vermeintlich dynamischer Postadoleszenz gehören. Wenn Elmar Altvater sich »entschleunigen« will, schiebt man's leicht aufs Alter. Aber wenn auch die junge Generation sich für ein langsames Leben engagiert und begeisterte Fast-food-Konsumenten Omas Eintopf wiederentdecken, wird schnell klar, daß Alter und Einstellungen einfach nichts mehr miteinander zu tun haben. Zigarrerauchende Anzugträger können fünfundzwanzig oder fünfundsiebzig Jahre alt sein, PDS oder CSU wählen, tuttelnde Hausmütterchen sich im nächsten Moment als Internet surfende Jungunternehmerinnen entpuppen wie als Vorsitzende einer katholischen Lesbeninitiative. Claudia Nolte etwa paßt genauso gut in die Senioren-Union wie in die Junge Union.

Die neue Orientierungslosigkeit in Fragen des Alters ist der Vorbote einer Kultur, in der jeder in der Lage sein wird, aus dem Warenkorb der Identitäten die unterschiedlichsten Angebote wahrzunehmen. Und warum sollten die Jungen nicht ebenso die Attribute des Alters annehmen, wie die Alten sich die Chiffren der Jugendlichkeit angeeignet haben.

Fischstäbchen und Zivilisation

DIE ZEICHEN (1)

Ein besonders beliebtes Feld der Debatte um Werteverfall und Orientierungslosigkeit ist der Eßtisch. Wo Vater vor dem heimischen Herd auf ein entspanntes Bier an die Currywurstbude flieht, Sohnemann seine Kalorien von Mc-Donalds bezieht und Mutti die Gewaltherrschaft ihres Diätplans beim Kentucky Fried Chicken besiegt, ist natürlich wieder einmal der Untergang des Abendlandes nah. Immerhin trifft sich unsere Familie sonntags dann gemeinsam in der Coca-Cola-Oase im Centro-Shopping-Paradies. Soweit, so schlecht! Jedenfalls dann, wenn man den verbreiteten Klagen vermeintlicher »Slow-Food«-Adepten Glauben schenken mag.

Wenn vom Verfall der Werte an Tisch und Herd die Rede ist, steht offensichtlich mehr auf dem Spiel als nur der ungetrübte kulinarische Genuß. Der Eßtisch wird zum Symbol intakter Gemeinschaftlichkeit. Wo sich die Großfamilie um den blubbernden Eintopf versammelt, dort ist die Welt noch in Ordnung.

taz-Autor Manfred Kriener delirierte gar von der »gemeinsamen Tafel als Keimzelle der Zivilisation«, »standardisierte Mahlzeiten im Minutentakt amerikanischer Fütterungsanstalten« hätten die Behaglichkeit des »seit Jahrhunderten zentralen Ortes der Zusammenkunft, an dem die Kinder in die Erwachsenenwelt hineinwuchsen«, verdrängt.

Die Welt der Lebensästheten ist natürlich eine Welt jenseits solch traditionell verbrämter Familiarität. Auch wenn Lebensästheten die sentimentale Rückkehr an den mütterlichen Herd durchaus zu schätzen wissen, ist die heimelige Wärme ungetrübter Ganzheitlichkeit im Schoß der »Family Values« auch in kulinarischer Hinsicht ein Auslaufmodell. Heute Slow-Food, morgen McDonalds; gestern Pizza-Service, übermorgen Feinschmeckerlokal – die Ernährungsgewohnheiten des Lebensästheten stiften bei den Wächtern der Küchenmoral Verwirrung. Die Tugend der Orientierungslosikeit hat Küche und Keller erreicht, und selbst Siebeck plädiert fürs »wilde Würzen«.

Essen ist wie potentiell jeder Gegenstand, jede Handlung möglicher Baustein des lebensästhetischen Gesamtkunstwerks. Lebensästheten kultivieren dabei ihre Vorlieben mit einer Radikalität, die ein Teilhaben anderer an ihrem Genuß ausschließt. Eßstörungen sind Persönlichkeitsmerkmal und Vehikel der individuellen Distinktion, die Konsequenz, mit der an vollständig absurden Ernährungsgewohnheiten festgehalten wird, dient als Ausweis einer geglückten lebensästhetischen Konstruktion. Angesichts der Eigenständigkeit solcher Sinngebäude fällt es naturgemäß schwer, etwas mit anderen zu teilen. Die gemeinsame Tafel ist zum rasenden Karussell eigenständiger

Ernährungsbiographien geworden, doch der Orientierungslosigkeit der Betrachter steht die eindeutige Klarheit der lebensästhetischen Festlegungen gegenüber.

Seine multiplen Identitäten machen den Lebensästheten zum unberechenbaren Esser ebenso wie zum gefürchteten Konsumenten. Denn was aus seiner eigenen Sicht als eindeutig, klar, eben als »ich« erscheint – und »ich« ist dabei der Rahmen, der Konsistenz definiert – ist für seine Umwelt ein unentwirrbarer Knoten vermeintlich widersprüchlicher Präferenzen. Mit Leichtigkeit scheint der Lebensästhet gewohnte Grenzen zu überspringen, doch tatsächlich ist sein Handlungsrahmen von eiserner Rigidität. Verständigungsversuche von Lebensästheten über eine gemeinsame Mahlzeit sind von quälender Sinnlosigkeit. Wo scheinbar alles geht, geht nichts mehr, wenn lebensästhetische Blueprints in Übereinstimmung gebracht werden müssen. Und je mehr Teilnehmer an diesem Spiel, das keinen Sieger kennen kann, beteiligt sind, um so mehr nähert sich das Ergebnis dem kleinsten gemeinsamen Nenner glocaler[1] Eßkultur – der Gemüsepfanne. Dieses fade Konsensgericht ist überall dort zu Hause, wo Lebensästheten sich über gemeinsame Mahlzeiten verständigen müssen. Seine Zutaten sind weltweit verfügbar, seine Geschmacksneutralität läßt die Wertegebäude aller Beteiligten intakt. Ein derartiger Minimalkonsens ist es wohl, der angesichts der vollständigen Zersplitterung individueller Präferenzen das »360-Produkt« (Gerd Gerken) ausmacht. Extreme Vielfalt gebiert extreme Einfalt, sobald mehr als eine Person angesprochen werden sollen. Am Ende sehen wir uns dem eigenschaftslosen Produkt gegenüber, das nichts enthält als die unendlich kleine Schnittmenge einer unendlich großen Zahl von Imaginationen.

Guten Appetit!

1) *glocal* – Mischwort aus *global* und *local*

Im Reich der Werte

Lebensästheten bewohnen die eigenschaftslosen Städte rund um den Globus, doch ein besonders vertrautes Phänomen scheinen sie für all diejenigen, die sich Gedanken um die Zukunft ihrer Gemeinwesen machen, nicht zu sein. Sie sind die Adressaten einer Debatte, die aus ihrer Sicht vollständig absurd erscheint. Man erklärt ihnen, daß wir einem Werteverfall ausgesetzt seien, plädiert für ein Comeback von Moral und Tugend oder mahnt sie gar, solidarischer und mitmenschlicher zu sein. Warnende Stimmen erheben sich, die den »Zerfall der Gemeinschaft« düster am Horizont aufsteigen sehen, andere wiederum empfehlen eine »neue deutsche Etikette«. Die deutsche Soziologin Sibylle Tönnies forderte vor einiger Zeit sogar die Wiedereinführung eines Arbeitsdienstes, um angeblich von Orientierungslosigkeit und Sinn-Vakuum geplagte Jugendliche wieder auf den rechten Weg zu bringen. Doch die immer wieder aufflammenden Tugenddebatten haben, obwohl er selbst zu den Getadelten gehört, wenig mit dem lebensästhetischen Universum zu tun.

Immer wieder wird der Mangel an Tugenden und verbindlicher Moral im Handeln des einzelnen in der Gesellschaft beklagt. Übersehen wird dabei offensichtlich, daß Moral in der öffentlichen Sphäre schon seit längerem nicht mehr ihren Platz hat. Denn persönliches, moralisches Handeln, die Fürsorge für die Armen aufgrund des christlichen Gebots der Nächstenliebe etwa, wurde an staatliche Institutionen delegiert.

Institutionen aber handeln jenseits von Tugend und Moral aufgrund von Gesetzen. Zwar tragen selbst Verwaltungsvorschriften noch die Handschrift einer ethischen Ordnung, der allgemeinen Erklärung der Menschenrechte zum Beispiel, doch eine persönliche moralische Bewährungsprobe ist die Armenfürsorge, um im Bild zu bleiben, weder für den Steuerzahler noch für den Wohlfahrtsempfänger. Der Lebensästhet weiß im Gegensatz zu Kritikern, die gerne Egoismus, mangelndes Engagement und Politikmüdigkeit beklagen, den Vorteil einer Gesellschaft zu schätzen, die ihr Funktionieren nicht vom persönlichen Wohlverhalten aller ihrer Mitglieder abhängig macht.

Solange er sich auf das Funktionieren der Institutionen verlassen kann, braucht er auch keine Moral, die sich auf öffentliche Angelegenheiten bezieht. Das heißt, auf der anderen Seite, nicht, daß unsere Lebensästheten amoralisch wären, im Gegenteil, entlastet von den zweifelhaften Forderungen einer öffentlichen Moral, haben sie sich eigenständige Moralgebäude gezimmert, die es in ihrer Rigidität durchaus mit den Forderungen der großen Weltreligionen aufnehmen können. Auf die Gnade und Milde eines verzeihenden Gottes muß der Lebensästhet dabei auch noch verzichten. Als Schöpfer und Geschöpf, als Heiland und Jünger seiner persönlichen Religion, die jedes Alltagsdetail zum Prüfstein der Einhaltung ihrer Gebote erklärt hat, setzt sich der Lebensästhet moralischen Kämpfen aus, die denen überzeugter Anhänger einer Religion kaum nachstehen.

Ein wacher Blick für die Welt der Lebensästheten könnte moralisierende Bedenkenträger also leicht davon überzeugen, daß ein Mangel an verpflichtenden Wertesystemen wahrlich nicht auszumachen ist.

Probleme bereitet ihnen dabei wahrscheinlich eher die Tatsache, daß sie mit einer so großen Anzahl unterschiedlicher Moralgebäude konfrontiert sind. Es mangelt also nicht an Moralen (ein Wort, das zumindest im Deutschen keinen Plural hat!), es mangelt ganz offensichtlich an der einen, großen allgemeinverbindlichen Ethik.

Zivilgesellschaftliche Vollversammlung

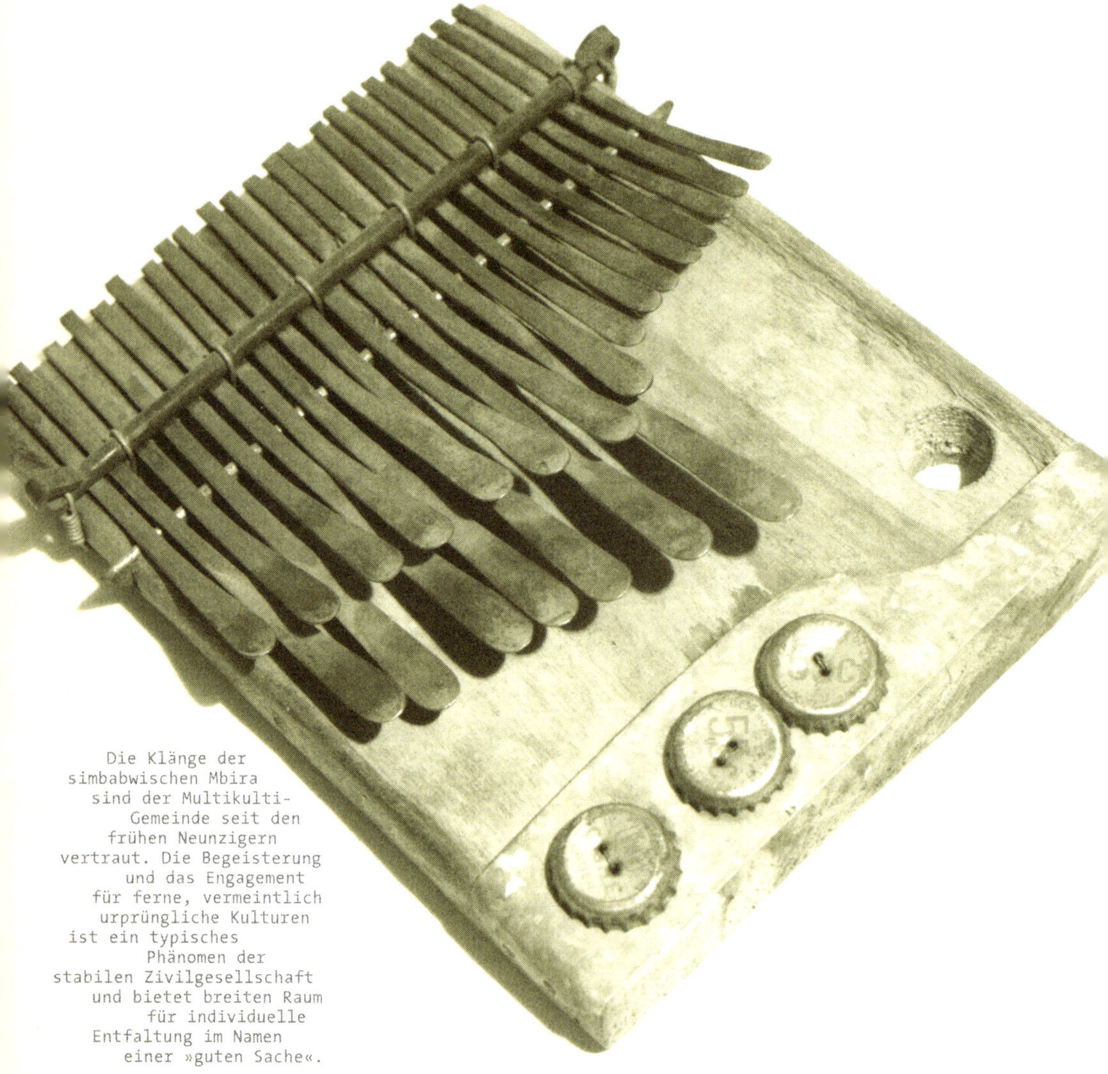

Die Klänge der simbabwischen Mbira sind der Multikulti-Gemeinde seit den frühen Neunzigern vertraut. Die Begeisterung und das Engagement für ferne, vermeintlich urprüngliche Kulturen ist ein typisches Phänomen der stabilen Zivilgesellschaft und bietet breiten Raum für individuelle Entfaltung im Namen einer »guten Sache«.

Es empfiehlt sich, einmal eine sogenannte VV an einer beliebigen deutschen Massenuniversität zu besuchen. *VV* bedeutet Vollversammlung und steht für eine der langsam einstaubenden revolutionären Errungenschaften, die uns die Umbrüche von 68 ff. beschert haben. In der VV nehmen Studenten ihr Schicksal in die Hand und setzten sich mit der Zusammenlegung von Fachbereichen und sonstigen Ungerechtigkeiten der Welt auseinander. Eigentlich ist das Ganze so gedacht, daß am Ende die Verkündung einer gemeinsamen Resolution »im Namen des soziologischen Instituts« steht. Was der Name des soziologischen Institutes ist, weiß natürlich niemand genau. Doch scheinbar um so besser kennt sich scheinbar jeder der Anwesenden mit seinen eigenen Anliegen aus. Wäre das Pamphlet, das am Ende in lustloser Abstimmung angenommen wird, nicht vorformuliert gewesen, es hätte sicherlich nie das Licht der Welt erblickt. Die Hallen der Universität wird es ohnehin nicht verlassen, denn das Interesse der Welt an studentischen Manifesten gegen den Sozialabbau oder für den Volkskrieg in Peru ist verständlicherweise begrenzt, und allen Beteiligten ist das irgendwie auch klar. Doch das hält selbstverständlich niemanden davon ab, sich endlos mit seiner ganz persönlichen Interpretation des allgemeinen Unheils zu produzieren. Und das, obwohl jeder die Auslassungen des anderen schon von der letzten Versammlung kennt. Hier gibt es endlich wieder einmal die Chance, den »Universal-Doppel-Denker« als Allheilmittel für alle Probleme der Welt anzupreisen oder dem ungerechtfertigterweise ignorierten Anliegen der Bewohner Ost-Timors Gehör zu verschaffen. Und irgendwann plauzt mit Sicherheit eine Zwanzigjährige mit Dreadlocks und einem dicken Stapel Flugblätter herein und verkündet, daß gerade die »Gentechnik-Ini« zu einer Sitzblockade aufrufe oder die Räumung eines besetzten Hauses unbedingt nach einer Solidaritätsadresse der hier Versammelten verlange ...

Es scheint, als hätten Ungerechtigkeit und Unterdrükkung in den letzten Jahren explosionsartig zugenommen, denn auch nach langer Suche in den spärlich gefüllten Reihen des Audimax lassen sich nur schwer einzelne Individuen ausfindig machen, die nicht irgendeiner benachteiligten Randgruppe angehören oder einer selbstgewählten Mission verpflichtet sind. Daß man sich unter diesen Voraussetzungen selbst über die einfachsten Fragen nicht einig werden kann und eigentlich auch gar nicht will, ist klar. Der Konsens schwebt zwar noch irgendwo als Imperativ im Raum, doch ob Tibet, Fahrpreiserhöhung oder bedrohliche Veränderungen der Prüfungsordnung, jeder ist sich schließlich sicher, daß vor allem seine eigene Herzensangelegenheit die uneingeschränkte Unterstützung des Auditoriums verdiene.

Früher konnte man sich wenigstens auf einen gemeinsamen Feind (in der Regel »der Kapitalismus« genannt) und allerlei »Haupt- und Nebenwidersprüche« einigen. Heute bleibt die leicht resignierte Erkenntnis, daß »irgendwie ja alles mit allem zusammenhängt«. Wie und was da zusammenhängt, möchte man eigentlich gar nicht so genau wissen. Und so schreitet man dann, um dennoch seinem diffusen Unbehagen mit den Zeitläufen Ausdruck zu verleihen, zum obligatorischen Demonstrationszug rund um das Unigelände. Unter einem höchst unverbindlichen Motto wie »Gegen den Sozialabbau« oder »Gegen die herrschenden Verhältnisse« versammelt sich am Ende der ganze bunte Reigen ausgesprochen differenzierter Anliegen, ohne die geringsten Abstriche befürchten zu müssen.

Die alljährlich in Berlin abgehaltene Love Parade bildet den Höhepunkt dieser Art von politischer Manifestation. Slogans wie »We Are One Family« und »Friede Freude Eierkuchen« lassen jedes, aber auch jedes individuelle Sinngebäude intakt. Hunderttausende können sich dort zusammenfinden, ohne sich auf irgend etwas einigen zu müssen.

Die austauschbare Banalität der Slogans bedeutet aber nicht, daß alle, die sich unter ihnen versammeln, genauso wenig zu sagen hätten. Im Gegenteil. Wo die Vielfalt der Ansichten und Wertesysteme immer größer wird und gleichzeitig die Möglichkeiten, sich auf der Basis vorformulierter Konventionen zu verständigen, schwinden, lassen sich die einzelnen nur noch in einem außerordentlich weit gesteckten Rahmen zusammenbringen.

Doch ein weit gesteckter Rahmen ist etwas anderes als gar kein Rahmen. Unsere Demonstranten eint immerhin die vage Vorstellung, daß diese Welt an der einen oder anderen Stelle verbesserungsbedürftig sei. Und der gemeinsame Nenner der Love Parade und ihrer mittlerweile zahlreichen Ableger heißt viel weniger Techno als ungefähr »Hab Spaß und tu niemandem etwas zuleide«.

Die Zivilgesellschaft ist nichts anderes als ein solcher Rahmen. Die Anzahl der verbindlichen Übereinkünfte, die ihre Mitglieder (oder eher Teilnehmer) teilen, ist gering. Sie umfassen allenfalls einen Minimalkonsens elementarer menschlicher Verhaltensweisen und einen institutionellen Rahmen, der ihre Einhaltung garantiert. Moral und Werte sind Privatangelegenheit, der Zwang, sich eine umfassende ethische Ordnung – mit womöglich transzendentalen Wurzeln – zu geben, entfällt. Statt auf Wertekonsens setzt die Zivilgesellschaft auf pragmatisches Bargaining und provisorische Verhandlungslösungen. Daß dabei alle nie ganz zufrieden sind, ist klar. Und obwohl jeder seine jeweils eigene Lösung für das A und O hält, wird er sich damit niemals wirklich durchsetzen können. Doch gerade die »Abfallprodukte«, die dabei entstehen, sind die Essenz, die Stabilität und Qualität einer funktionierenden Zivilgesellschaft ausmachen. Je zersplitterter diese Gesellschaft ist, desto stabiler ist sie auch.

Bleiben

Auch wenn es bisher ein wenig zu kurz gekommen ist: Das Thema Arbeit spielt im Kosmos des Lebensästheten eine bedeutende Rolle. Das zweite Hauptstück wird sich eingehend mit der Frage befassen, was passiert, wenn Lebensästheten sich in die Ausbildungsmühlen begeben, Geld verdienen müssen oder selbst ein Unternehmen gründen wollen. Als kleinen Ausblick gibt es deshalb schon an dieser Stelle eine Einführung in ...

Die Arbeitswelten von morgen

Außerhalb von Wissenschaftsparks und Technologiezentren, das heißt fast überall, sieht sich die Arbeitswelt einem neuen Generalismus gegenüber. Wenn japanische Firmen heute ihre Fließbänder abstellen, weil die Produktion von »Private Products« die Einrichtung von Produktionsstraßen unrentabel werden läßt, wenn High-Tech-Fabriken sich in Manufakturen verwandeln und hochqualifizierte Fachkräfte die Tätigkeiten von Hilfsarbeitern ausführen, dann verliert Qualifikation an Wert. Auch in Deutschland steht die Beschwörung fundierter Fachkenntnisse schon lange in keinem Zusammenhang mehr mit ihrem praktischen Nutzen. Ein Gas-Wasser-Installateur, der in dreieinhalb Jahren Ausbildungszeit lernt, selbst Rohre aus Stahlblech zu formen, benötigt diese Fähigkeit kaum für seine Berufspraxis. Das wäre nicht weiter schlimm, würde nicht zugleich die stetig sinkende Bereitschaft des Handwerks beklagt, überhaupt noch Lehrlinge auszubilden.

Die Veränderungen in der Berufswelt verlaufen heute wesentlich schneller als die Anpassung und Formulierung zeitgemäßer »Berufsbilder«. Folglich wäre sowohl ausbildenden Betrieben als auch Lehrlingen mit einer Vereinfachung und Verkürzung des Ausbildungsrituals geholfen. Oft ist sogar ein reines Anlernen des erforderlichen Nachwuchses effektiver und sinnfälliger als die dreijährige Ausbildung. Wenn hingegen wieder einmal die Ausbildungsabgabe aus den dunklen Ecken der siebziger Jahre herausgekramt wird, hilft dies weder den Jugendlichen noch den Betrieben. Es scheint vielmehr, als sei das vielgerühmte »deutsche Ausbildungssystem« im öffentlich-gewerkschaftlichen Diskurs weiterhin ein Tabuthema.

Doch es gibt einen weiteren Grund dafür, daß die klassische Ausbildung zu ei-

Sie dran ...

nem Auslaufmodell geworden ist. Denn nicht Sozialabbau und »Manchester-Kapitalismus« nehmen der jungen Generation die Aussicht auf Zukunft, sondern sie selbst. Dies jedoch ist kein Verlust, sondern ein Prozeß des Wandels von Perspektiven und Lebensentwürfen.

Der Lebensästhet ist potentiell arbeitslos. In Lohn und Brot zu stehen, ist schon lange keine Grundbedingung mehr für ein intaktes Selbstwertgefühl. Der Abschied vom Zwangskorsett Arbeit hat in letzter Konsequenz zur Bedeutungslosigkeit von Karriere geführt. Selbst der Unterschied zwischen einer temporären Anstellung an der Imbißbude und dem langfristigen Arbeitsvertrag in einem großen Unternehmen verschwimmt. Die Biographie des Lebensästheten ist von Brüchen durchzogen, und persönliche Präferenzen wiegen schwerer als Berufsprestige. Der achtundzwanzigjährige Hochschulabsolvent, der seinen Job als Lehrer an den Nagel gehängt hat und sich fortan nurmehr als Maler, Maurer und Klempner verdingt, macht deutlich, daß auch der abgesicherte Akademiker seine »soziale Sicherheit« nicht mehr als Maß aller Dinge begreift. Und mehr: Es fällt ihm insofern leicht, Studium, Referendariat und Staatsexamen hinter sich zu lassen, als dies für ihn nicht die Aufgabe seines Lebenswerkes, sondern lediglich ein neues Kapitel in seiner Biographie bedeutet. Und wahrscheinlich nicht das letzte, denn genau diese vermeintlichen Brüche zeichnen das Bild jenes neuen Generalismus, der sowohl lineare Lebensläufe als auch abgeschlossene Ausbildungen verneint. Denn verständlicherweise ist es kaum möglich, für all die Berufe, die man in seinem Leben ausübt, handwerkliche oder akademische Ausbildungen zu absolvieren.

Und da sich heute mehr und mehr junge Menschen auf eine kontinuierliche Biographie nicht mehr festlegen lassen wollen, ist das Ende praktischer und akademischer Ausbildungen wohl nur eine Frage der Zeit. Nur um des guten Gewissens willen quälen sich heute Studenten wie Auszubildende noch durch die Mühlen institutionalisierter Wissensvermittlung. Oft ist es allein die elterliche Wertewelt, das schlechte Gewissen und nicht der Glauben an Lerninhalte, der den Nachwuchs nach (Aus-)Bildung streben läßt. Unser Gas-Wasser-Installateur jedenfalls steht die harte Zeit der Lehre durch, obwohl er nicht das geringste Interesse an einer »Laufbahn« als Klempner hat. Wahrscheinlich wird er nach dem Abschluß Versicherungen verkaufen oder Sozial-

Ein gut Arbeit auf

pädagogik studieren. Es fällt ihm leicht, selbst furchteinflößende Ideologien wie »Lehrjahre sind keine Herrenjahre« zu ertragen, obwohl am Ende der Fron nicht einmal die bessere Zukunft in Gestalt des eigenen Handwerksbetriebs lauert («Wenn ich erst mal Meister bin ...«). Allein aus der Überzeugung, dem eigenen Willen zu gehorchen, steht der Lebensästhet einiges durch. Zusätzlich beruhigt er durch seine Ausbildung auch die vagen Zweifel am lebensästhetischen Dasein, die ihn in schwachen Momenten überkommen.

Der arbeitsweltliche Kern der Bastelbiographie ist das »Durchwursteln«. Vor diesem Hintergrund erscheint auch der Verlust der Definitionsmacht klassischer Berufsbilder in einem neuen Licht. Nicht als Verlust nämlich, sondern als Gewinn in zweifacher Hinsicht. Zum einem führt die Aufgabe des linearen Karrieredenkens zu einer Gleichrangigkeit der Tätigkeiten. Die bewußte Entscheidung, Teilzeitklempner zu sein und sich dem Shiatsu zu widmen, steht im Wert der Tätigkeit eines überarbeiteten Topmanagers nicht nach. Und zum anderen erleben wir in der Dienstleistungsgesellschaft eine explosionsartige Vermehrung der Berufsbilder. Schon bei relativ seriösen Berufen, etwa dem des Stadtplaners, läßt sich wenig über das Prestige aussagen. Und der Web-Designer kann wohl kaum auf das Wohlwollen staunender Tanten und Onkel aus der Verwandtschaft hoffen. Die scheinbare Kluft zwischen »Ich mache Internet-Seiten« und »Ich bin Werber, Grafiker, Programmierer und Techniker« ist keine inhaltliche, sondern nur mehr eine stilistische. Auch in der Abgrenzung zu anderen wird dieses Dilemma offensichtlich. Die Frage, ob das Berufsprestige des zweiten Cousins nun besser oder schlechter ist, weil der nur Graphikdesign studiert hat, muß offenbleiben.

es Stück wartet Sie!

Der Abschied vom Karrieredenken ist ein Kennzeichen der postmaterialistischen Ära. Er bedeutet jedoch keineswegs einen Abschied von Erfolg, Geld und Ehre. Geld zu verdienen ist keine Schmach, Erfolg bedeutet Bestätigung des eigenen Handelns und wird gern genossen. Eingemottet wurde dagegen das Karrieredenken der Elterngeneration, aufs Abstellgleis gerieten Angestelltenbiographie und Arbeitermythos. Nur um der Nachbarn und der Kinder willen lassen sich die 89er heute nicht mehr an Arbeitsplatz und Eigenheim binden. Der Preis, den man für Sicherheit und Kontinuität zu zahlen bereit ist, ist nicht mehr beliebig hoch. Und umgekehrt ist die Umsetzung eigener Ideen und Konstruktionen nicht an beruflichen Erfolg gebunden. Gerhard Schulze sprach diesem »Selbstverwirklichungsmilieu« das Erlebnisparadigma »Künstler« zu, und ein Künstler handelt aus einer Absicht heraus und nicht, um einem Zweck zu dienen. Die Leitmotivation ist deontologisch und hat Selbstverwirklichung zum Ziel, nicht das Erlangen von Sozialprestige. Dies alles sind Voraussetzungen für das Handeln des Durchwurstlers, unabhängig davon, ob er sein Seelenheil als Kellner oder Unternehmer findet. Der bewußte Rückzug in die Verantwortungslosigkeit, in die von Douglas Coupland »McJobs« genannten niederen Dienstleistungstätigkeiten etwa, ist Zeichen der Geringschätzung einer »klassischen« beruflichen Karriere, nicht die Kapitulation vor Anforderungen. Die Entscheidung, hinter dem Tresen einer Kneipe oder einer Videothek zu arbeiten, ist losgelöst von dem Gefühl, ein Versager zu sein. Für die bewußte Entscheidung gegen die Nebenwirkungen einer Laufbahn als Bankkaufmann werden finanzielle Einbußen gern hingenommen.

Erstes Hauptstück

Eine unvollständige Bestandsaufnahme des lebensästhetischen Universums

Die Geburt des Lebensästheten

Die Geburtsstunde des Lebensästheten war in Deutschland zweifellos das Aufbegehren der 68er. Die Folge dieser ästhetischen Revolution war eine deutliche Liberalisierung der bundesdeutschen Gesellschaft. Auf der Strecke blieb dabei die Normalbiographie der Wirtschaftswunderzeit. Mit den gesellschaftlichen Umbrüchen der sechziger und siebziger Jahre ging die stetige Erosion der bürgerlichen Kleinfamilie und des Angestelltendaseins einher. Der Individualisierungsschub der achtziger Jahre brachte diese Auflösungserscheinungen ans Licht der Öffentlichkeit. Die Fire-and-Forget-Mentalität der Pershing-Ära ist Ausdruck der Ohnmacht ihrer Protagonisten. No-Future-Attitüden und Hedonismus zeichnen ein Bild von der umfassenden Verunsicherung einer ganzen Generation. Punks wandten sich von der Gesellschaft ab, ohne ihr jemals wirklich zu schaden. Yuppies pflegten den Kult des Egoismus. Doch auch für diejenigen, die sich weniger radikal gaben, rückte das Ego ins Zentrum des persönlichen Universums.

Die Umbrüche von Achtundsechzig hinterließen ein Vakuum von Normen und Werten, in dem die ersten Experimente mit der eigenen Geschichte stattfanden. Neu gewonnene Freiheiten bedeuten jedoch immer auch einen Verlust an Orientierung. Dieser Verlust dominierte vorerst die Entfaltung eigener Perspektiven und die Entwicklung eigener Werte. Die achtziger Jahre waren die Zeit der Orientierungslosigkeit, die Rahmenbedingungen des lebensästhetischen Seins waren schon geschaffen, doch meist fehlte noch der Mut zur Eigenständigkeit und die Ignoranz, die den Glauben an die eigenen Fähigkeiten stärkt.

Wenn heute von Öko-Optimismus und nicht mehr vom No-Future-Gefühl die Rede ist, bedeutet diese Verschiebung keineswegs, daß die Perspektive unseres Planeten Erde grundlegend rosiger geworden ist. Allein das Vertrauen in den Wert der eigenen Person läßt die ökologische Bedrohung ein paar Schritte zurücktreten. Auf das eigene lebensästhetische Konstrukt ist Verlaß – auch wenn die Welt untergeht.

Es ist der Glaube der 89er an sich selbst, jener vertrauensvolle Selbstbezug, der die Orientierungslosigkeit zur Tugend werden ließ. In den achtziger Jahren, als junge Menschen tatsächlich noch orientierungslos waren, konnte man sie problemlos wieder einfangen. Bürgerinitiativen oder sozialpädagogische Jugendclubs standen in ausreichender Zahl bereit. Der bundesrepublikanische Grundkonsens schien nie in Gefahr, und jeder neuen Gruppierung konnte ihr eigenes Terrain zugewiesen werden. Erschien eine neue Zielgruppe auf der gesellschaftlichen Bühne, wurde ein vorhandenes Wertegebäude geringfügig modifiziert oder eine neue Heimstatt gezimmert. Ob es um die legendäre Toskana-Fraktion der SPD ging oder den Weltuntergangsflügel der Anti-Atomkraft-Bewegung, das bundesrepublikanische Integrationsmodell war selten um eine Lösung verlegen. Ob Alt-68er, Ökos oder Punks, Marktforscher und Politiker fanden für jedes Phänomen eine Nische. Keine Arbeit und keine Mühe wurden gescheut, um neue Milieus und Gruppen zusammenzuzimmern, und im allergrößten Notfall entstand eine neue Partei. Selbst am Höhepunkt der »Risikogesellschaft« war Unübersichtlichkeit handhabbar. Zumindest hielt sich die Verzweiflung über die Fülle von Orientierungen in engen Grenzen. Man feierte den Pluralismus, um ihn sogleich wieder zu freundlich überschaubaren Kollektiven zurechtzustutzen.

Die Angst vor Krieg und Umweltzerstörung sortierte sich überschaubar in Projekten und Initiativen, die Orientierungslosen waren so wenigstens nicht allein. Nach dem Supergau von Tschernobyl verdoppelte die taz ihre Auflage, und die Grünen erlebten die größte Eintrittswelle ihrer Geschichte.

Als die Gruppe zum Haufen wurde

Doch diese schönen Zeiten sind Vergangenheit. Vorbei sind die Tage, als Zielgruppen noch klar umrissen werden konnten und politische Einstellungen konsistent erschienen. Als die Orientierungslosigkeit zur Tugend wurde, konnte sie die Reste gemeinschaftlicher Zuordnungen, gleich einer alten Hülle, abstreifen und in den Mülleimer der Geschichte befördern. Was bleibt ist eine neue Stufe der Emanzipation: Die Gruppe ist zum Haufen geworden, zu einer Ansammlung von Individualisten ohne gemeinsame Werte und Rituale. Noch immer wird versucht, verbindende Merkmale für eine homogene Gruppe zu finden und die Lebensästheten zurückzuholen in das warme Nest der Milieus, in die vertraute Heimat von Links und Rechts. Dieses Unterfangen ist zum Scheitern verurteilt. Von Instituten und Wochenzeitungen initiierte Jugendstudien zeigen nurmehr, daß die Präferenzen der Lebensästheten zu verschieden sind, um aus ihrem statistischen Mittel noch signifikante Aussagen ableiten zu können.

Und dabei ist eigentlich alles ganz einfach. Kehrt man nämlich die Betrachtungsweise um und versucht einmal nicht von außen auf die vielfältigen Phänomene im Handeln des einzelnen zu blicken, sondern von innen, aus der Perspektive des »Untersuchungsobjektes«, eröffnen sich ungeahnt klare Strukturen. Der Nebel der Unübersichtlichkeit lichtet sich, Motivationen treten klar zutage, und die scheinbar undurchsichtigen Wertewelten der 89er werden plötzlich transparent.

Diese Perspektive der Betrachtung erfordert eine ihr angemessene Methodik. Die »unvollständige Bestandsaufnahme« führt den Leser durch das lebensästhetische Universum. Sie beleuchtet die Hintergründe scheinbar widersprüchlicher oder unverständlicher Handlungen, Äußerungen und Schöpfungen. Und sie versucht zu zeigen, wie im Umgang mit anderen die monadische Existenz des Lebensästheten zum Kern eines neuen Verständnisses von Gemeinschaft und Gesellschaft wird.

Mao und Ho Tschih Minh waren nicht gerade Vorkämpfer einer liberalen Gesellschaft. Trotz solcher Vorbilder hat die antiautoritäre Revolution von 1968 die Zivilgesellschaft in Deutschland auf den Weg gebracht.

Der Abschied von der Doppelmoral

Die Entstehungsgeschichte des Lebensästheten ist auch die Geschichte der Veränderung von Moralvorstellungen, und zwar weniger der Inhalte als der grundsätzlichen Haltung des einzelnen gegenüber den Fragen von Ethik und Moral. Mit dem Erscheinen des Lebensästheten auf der Bühne der Geschichte in den siebziger und achtziger Jahren begann der endgültige Abschied von der Doppelmoral. Eine doppelte Moral existiert immer vor dem Hintergrund einer von allen geteilten Ethik. Und da Moral nichts anderes heißt als die Verpflichtung eines Individuums gegenüber einem Wertegebäude, bedeutet Doppelmoral die temporäre Entpflichtung von gesellschaftlichen Normen und Werten.

Die Revolutionäre von 68 waren die Entdecker der Lebensästhetik. Ihr Widerstand war nicht zuletzt ästhetisch motiviert, die kommunistischen Ideale wohlgestaltete Selbstinszenierungen. Und trotz aller konkreten politischen und emanzipatorischen Ziele war ihrem politisch-persönlichen Kampf jener verbissene Glaube an einen selbstgeschaffenen Kosmos eigen, der den Lebensästheten so treffend charakterisiert. Die sozialistische Revolution der 68er fand in den Köpfen statt. Sie erledigte weder den Willen, Karriere zu machen, noch hinderte sie die Vertreter dieser Generation daran, in ihrer ideologischen Freizeit Firmen zu gründen und Seilschaften zu knüpfen. Die 68er bastelten an einer neuen Moral. Doch solange dieses Gebäude nicht fertiggestellt war, richtete man es sich gemütlich in der löchrigen Tonne der verachteten »bürgerlichen« Moral ein. Die Verpflichtung zum Widerstand war ästhetisch, die praktizierte Moral höchst bürgerlich.

Dies war, wenn auch gewendet, ein letztes Aufbegehren der Doppelmoral. Man unterwarf sich den dominanten Moralgeboten, obwohl sie nicht mit den eigenen Vorstellungen übereinstimmten. Das Gefühl einer Verpflichtung bestand in diesem Fall gegenüber dem ästhetischen Konstrukt der Revolution, der Utopie des Sozialismus.

Die Kinder dieser Generation haben die offen diskutierten Widersprüche verschiedener ideologischer Erklärungsmodelle so verinnerlicht, daß sie schon lange nicht mehr umfassende Antworten auf die Frage nach dem »Gut und Böse« suchen. Der Mangel an verbohrten Ideologievorstellungen und die Abkehr vom bürgerlichen Karrieredenken machen die elterliche Doppelmoral gegenstandslos. Gerade der Wegfall von Doppelmoral aber ist, obwohl es fast an Ironie grenzt, verantwortlich für den allseits beklagten Werteverfall. Tatsächlich nimmt die allgemeine Moral ab, anstelle der doppelten kennen die Lebensästheten heute nur eine halbe, nämlich eine einzige und ausgesprochen strenge Moral. Doch es ist keine einheitliche Ethik, kein neuer Tugendkatalog, mit dem uns Hunderttausende von Lebensästheten täglich konfrontieren. Es sind so viele verschiedene Wertegebäude wie Individuen. Und jede dieser Moralkonstruktionen stellt ihre spezifischen Verpflichtungen und Verhaltensnormen an den jeweiligen Träger.

Unübersichtlichkeit ist die Orientierungslosigkeit ihrer Beobachter

Tragisch ist dieser Wandel nur für diejenigen, die sich auf die überkommenen Rollenbilder der klassischen Moderne stützen. Exemplarisch seien orientierungslose Marktforscher und Sozialdemokraten genannt. Zumal der Verlust von Zielgruppen und Mitgliedern strukturbedingt ist. Und beiden bereiten bezeichnenderweise die jungen Menschen am meisten Kopfzerbrechen.

Es ist keineswegs der einzelne Lebensästhet in seinem persönlichen Moraltank, der angesichts der Unübersichtlichkeit der Welt verzweifelt. Er wandelt vielmehr durch den Supermarkt der Moral und füllt seinen Einkaufswagen mit den Bausteinen seiner Do-It-Yourself-Ethik. Von außen betrachtet wirkt das Treiben des Lebensästheten konfus und beliebig. Von innen betrachtet aber ist von Beliebigkeit keine Spur. Täglich muß er sich mit der tonnenschweren Last seines persönlichen Moralgebäudes abschleppen. Denn ein Leben ohne Doppelmoral ist wahrlich kein Zuckerschlecken. Ständig müssen Ergänzungen der eigenen Konstruktion ausgehandelt, eingebaut und wieder verworfen werden.

Der Lebensästhet schwingt die moralische Keule

Die Atomisierung von Moral hat eine Generation von Moralisten hervorgebracht. Doch es geht nicht mehr darum, den anderen in endlosen nächtlichen Diskussionen von der Richtigkeit einer Ideologie zu überzeugen. Die Moralgebäude der Lebensästheten stehen sich unversöhnlich gegenüber. Überzeugen möchte man den anderen schon lange nicht mehr. Genauso aber, wie der einzelne Lebensästhet zähneknirschend akzeptiert, daß er die Werte des anderen kaum beeinflussen kann, verbittet er sich auch die Einmischung in seine eigenen inneren Angelegenheiten. So entsteht eine extreme Empfindlichkeit, überall lauern die Fallstricke verbotener Grenzüberschreitungen, einer Verletzung persönlicher Konventionen. Die langwierige Auseinandersetzung mit den eigenen Wünschen und Vorstellungen hat die Sensibilität geschärft, und die Anstrengung, die es kostet, die eigene Moralkonstruktion instand zu halten, läßt jedes Infragestellen der eigenen Werte als direkten Angriff auf den Kern der Persönlichkeit erscheinen.

Angesichts der Vielfalt und Komplexität von Moralvorstellungen bewegt man sich im lebensästhetischen Universum tatsächlich wie der Elefant im Porzellanladen.

Diskussionen drehen sich in der Regel dann auch weniger um Inhalte als um persönliche Verletzungen. Die Streitkultur der 68er ist zeitgleich mit der Doppelmoral verschwunden, die Trennung von »Sache« und Person ist heute im Streitfall nicht mehr möglich.

So hat sich auch der öffentliche Diskurs dem neuen Moralismus unterworfen. Denn im Gegensatz zu der Diskussion um die »harten Fakten« des politschen Tagesgeschäfts, die sich auf den Erhalt von Generationenvertrag, sicheren Straßen und Arbeitnehmerrechten beschränkt, wird die moralische Keule der Political Correctness auf rein lebensästhetischem Terrain geschwungen. Nicht mehr Rechte für alle stehen dabei im Vordergrund, sondern die semantische Unversehrtheit kleiner und kleinster Grüppchen. Die Frage, ob Mitteleuropäer einen Arktisbewohner *Eskimo* oder *Inuit* nennen dürfen, ist letztlich eine ästhetische. Sie hat mehr mit den Selbstbildern der Streitparteien zu tun als mit den Rechten von Ureinwohnern. Es geht um Moral – und da fühlt sich der Lebensästhet natürlich unmittelbar herausgefordert.

Die Heimat des Lebensästheten ist die stabile Zivilgesellschaft

Michael Walzer hat es in seinem Buch »Zivile Gesellschaft und amerikanische Demokratie« treffend gesagt: »Das gute Leben ist eher eine Frage der Identität als der Aktivität. Es kommt auf den Glauben an, nicht auf die Werke. Und solange die Souveränität gesichert ist, gibt man sich zufrieden, eher durch Stellvertreter am Leben der Gemeinschaft teilzunehmen, als selbst tätig zu werden.« Es sieht so aus, als sei der Lebensästhet der prototypische Bewohner der Zivilgesellschaft. Er wirkt politikverdrossen und desinteressiert, doch im Zweifelsfalle ist auf seine Intuition Verlaß. Mit schlafwandlerischer Sicherheit erkennt er, wann seine persönliche Souveränität in Gefahr ist. Man kann diesen Mechanismus mit dem in der Luftfahrt verwendeten Frühwarnsystem »Ground Proximity Warning System« vergleichen, das den Piloten vor einer gefährlichen Annäherung an den Boden warnt.

Wenn, wie beschrieben, Ästhetik Moral abgelöst hat und Moral nichts anderes als Verpflichtung ist, fühlt sich der Lebensästhet nur seinem persönlichen Wertegebäude und nicht gesamtgesellschaftlichen Vorstellungen gegenüber verpflichtet. Doch die Souveränität seines Handelns ist durch die politischen Rahmenbedingungen bestimmt. Der Lebensästhet benötigt die liberale, demokratische Gesellschaft zum Erhalt seines kleinen »Imperiums«. Er fürchtet permanent um die eigene Souveränität. Wer selbst an langwierige Prozesse des Aushandelns mit anderen Lebensästheten gewöhnt ist, ist für totalitäre Konzepte letztlich nicht zu haben – egal wie radikal die eigenen politischen Vorstellungen sein mögen. Das Attribut der Politikverdrossenheit beschreibt so nur die Toleranzschwelle der Lebensästheten. Sie verhalten sich ruhig, solange die eigene Souveränität nicht in Gefahr scheint. Wittern sie jedoch eine Bedrohung dieses zivilgesellschaftlichen »Konsens«, versammeln sie sich zu Hunderttausenden auf den Straßen und halten Mahnwachen ab, ziehen gegen den Castor ins Feld oder boykottieren gentechnisch veränderte Lebensmittel. Entscheidend ist dabei weniger das konkrete politische Anliegen als das Gefühl einer Bedrohung ihres in erster Linie durch die Menschenrechte abgegrenzten Freiraums. Auch die explosionsartige Vermehrung der »Was würden Sie heute wählen«-Charts in vielen Zeitungen und Fernsehsendern ist ein Indiz dafür, daß politisches Geschehen eher von weitem betrachtet wird und allein die Frage zählt, ob bedrohliche Entwicklungen das eigene Leben beeinflussen könnten. Die Polit-Barometer funktionieren als Sinnesorgane der Lebensästheten, die ihm zeigen, ob tatsächlich eine Partei die Regierung zu übernehmen droht, die seinen persönlichen Freiraum beschränken möchte. Ist das nicht der Fall, widmet er sich weiter mit Hingabe seinen persönlichen (politischen) Angelegenheiten.

Antiautoritäre Spätfolgen

»Mami, Mami, warum müssen wir denn heute schon wieder machen, was wir wollen?« Zwischen diesem Aufschrei fünfjähriger Kinder, die in einem selbstorganisierten Kinderladen betreut werden, und der Headline einer bekannten Zigarettenwerbung: »Heute mache ich, was ich will – nichts« liegt eine klare Verbindung.

Ein populärer Irrtum macht die antiautoritäre Erziehung verantwortlich für den vielbeschworenen Werteverfall. Doch antiautoritäre Erziehung heißt nicht: Eltern ohne Werte und Chaos in der Erziehung. Chaos herrscht allenfalls in der Wohnung. Denn eine antiautoritäre Haltung bedeutet auch, daß die Eltern durchaus eine ganze Reihe von Werten verinnerlicht haben und diese implizit weitergeben. In Abgrenzung zum negativen Appellcharakter autoritärer Anweisungen wie »SEI tolerant!« und »SEI nett!« wurden Werte und Moral als positive Ermutigung weitergegeben. Die Bestätigung der guten Tat, jener einfache Mechanismus positiver Motivation ist es, der heute als Werteverfall gebrandmarkt wird. Konservative Kritiker, die selbst an die Allmacht eines scheinheiligen Moralgebäudes aus angeblicher Nächstenliebe und fragwürdigen Familienwerten gewöhnt sind, verzweifeln vor der Komplexität dieser Alternative.

Opa bekommt Besuch aus dem Global Village

Ob es um das Engagement für die Eingeborenen Australiens geht, die Hinwendung zu transzendentalen Selbsterfahrungsgruppen, die »Entschleunigung« der Nahrungsaufnahme oder der wöchentliche Besuch beim Opa – kennzeichnend ist immer die Entkoppelung konkreten Handelns von einem objektiven persönlichen Nutzen. Der Lebensästhet widmet sich full-time dem Aufbau seiner persönlichen Moral. Verpflichtet fühlt er sich nur dieser privaten Baustelle und schon lang nicht mehr dem umfassenden Regelwerk einer allgemeinverbindlichen Moral.

Der Lebensästhet tut, was er glaubt, tun zu müssen. Fremde Ansprüche an seine Biographie weist er konsequent zurück. Niemals wird ihn jenes Schicksal der wehmütig zurückblickenden Hausfrau ereilen, die Marianne Faithfull einst besungen hat: *»At the age of 37 / she realized, she never ride / through Paris, in a sportscar, / with the warm wind in her hair.«*

Ästhetisierung meint im lebensästhetischen Sinne, den Traum vom guten Leben in die tägliche Praxis zu überführen. Dieser Traum muß weder schön noch verständlich oder gar realisierbar sein. Daß er an seinen oft abstrusen, fast niemals zu verwirklichenden Ansprüchen permanent scheitern muß, ist aber kein Problem. Weder kann der Lebensästhet die malaiische Beutelratte vor dem Aussterben retten noch wird er seinem Großvater eine wirklich allumfassende Betreuung bieten können. Die Tatsache, daß Altruismus nicht die Ursache seines Handelns ist, bewahrt den Lebensästheten aber vor der Verzweiflung und den Opa vor einem mißmutigen, misanthropischen Enkel. Denn nicht das verpflichtende »Horrornetz« aus Familie und entsetzten Nachbarn zwingt ihn jeden Donnerstag zum Großvater, sondern die Freude, dem persönlichen Leitbild Genüge zu tun.

Das soll natürlich nicht heißen, daß Lebensästheten sich grundsätzlich aufopferungsvoll um ihre pflegebedürftigen Großväter kümmern. Wir wollen lediglich andeuten, daß die vermeintliche Egomanie einer individualisierten Gesellschaft dem Besuch beim Großvater oder dem Engagement für bedrohte Tierarten, kurz, dem, was man gemeinhin als »sozial« und »solidarisch« bezeichnet, in keiner Weise im Wege steht. Die Menge an gegenseitiger Solidarität nimmt im Gegenteil nach der Ablösung eines allgemeinverpflichtenden Wertesystems durch eine Vielzahl individueller ethischer Präferenzen nicht ab, sondern zu. Die Großtrappe verdankt – im Falle eines Falles – ihr Überleben allein der Tatsache, daß sie Teil der Biographie von hunderttausend Lebensästheten ist, und nicht der europäischen Konvention zur Rettung von Großvögeln. Und letztlich lebt Opa ja auch nicht schlecht damit, eine Variable in der lebensästhetischen Gleichung seines Enkels zu sein. Zumindest rekapituliert er wöchentlich die Geschichte von seiner verlorenen Tochter, die sich nach ihrer Heirat nie wieder beim ihrem Vater blicken ließ ...

Positive Bestätigung ersetzt das Zwangskorsett der Verpflichtung

Es ist die Dynamik der eigenen Ansprüche, die den Lebensästheten in Kontakt mit seiner Umwelt treten läßt. Analog zur antiautoritären Erziehung erfährt er in den Beziehungen zu seiner Umgebung Bestätigung am praktischen Beispiel: Uns hat zwar keiner gesagt, was wir basteln sollen, aber wenn der Weihnachtsstern oder der Miniaturpanzer fertig waren, wurden wir für das wunderschöne Kunstwerk gelobt. Dieses Lob galt allein der Bastelei, selbst wenn sich unseren pazifistischen Eltern beim Anblick des Kriegsflugzeugs der Magen umgedreht haben sollte!

Der Lebensästhet dient anderen nicht aus der Verpflichtung gegenüber einer gesellschaftlichen Moral heraus, sondern bei konkreten Anlässen. Nicht die Bereitschaft zu gegenseitiger Hilfe hat abgenommen, sondern lediglich der Wille, sich verbindlich darauf festzulegen. Der lebensästhetische Utilitarismus ist einzig und allein der jeweiligen individuellen Biographie verpflichtet. Die unüberschaubare Vielzahl unterschiedlicher lebensästhetischer Konstrukte garantiert dabei die Vielfalt sozialen Engagements. Dieses Modell der Motivation unterscheidet sich grundlegend von den Handlungskonzepten der klassischen Familie. Ein Familienmitglied handelt aus Verpflichtung, das heißt, negativ motiviert. Die Reflexion der eigenen Tat findet nur über das Motiv der Enttäuschung statt. Ihr Ausdruck ist der Vorwurf. »Du hast mir schon wieder nicht geholfen«, »du hast deine Oma schon wieder allein gelassen«, sind typische Beispiele dieser bekannten Negativmotivation. Der Lebensästhet hingegen handelt aus dem Motiv der positiven Bestätigung. Freunde erwarten nichts, sind demzufolge aber über jeden Einsatz erfreut und motivieren so zur Wiederholung.

Auch antiautoritär erzogene Kinder entdecken irgendwann den Reiz von Kriegsspielzeug. Daß aus ihnen trotz hingebungsvoller Beschäftigung mit Panzern und Bombern keine säbelrasselnden Militaristen werden, gehört zu den Erfolgsgeheimnissen diese Erziehungsmodells.

Eine Gemeinschaft ohne Moral

Die Mechanismen, die die antiautoritäre Erziehung aus unserer Sicht zu einem Erfolgsmodell gemacht haben, sind ohne weiteres auf die Frage anwendbar, wie eine Gesellschaft funktionieren kann, die auf einen Konsens allgemein geteilter Werte verzichten muß. In der Welt der Lebensästheten müssen Werte nicht explizit formuliert und als kleiner Katechismus eingeprügelt werden, sondern können als beiläufig vorgelebtes Exempel ihre Wirkung entfalten. Der Lebensästhet erwartet wenig und ist um so erfreuter, wenn seine Erwartungen bestätigt werden. Werte der Gemeinschaftlichkeit müssen in einer entwickelten Zivilgesellschaft nicht permanent beschworen werden. Ohne verpflichtet zu sein, kann der einzelne geben und Gaben empfangen, die andere, ebenso ungebundene Persönlichkeiten machen. Das vorgelebte Beispiel besitzt dabei eine normative Kraft, die diejenige moralisierenden Lamentierens weit übertrifft.

Das Grundrecht auf Konflikte und Ambivalenzen

Die Erziehung von Kindern beruhte bisher zumeist auf der Vorstellung, der Nachwuchs benötige für sein Gedeihen vor allem Stabilität, Kontinuität und klare Verhältnisse – ein harmonisches Heim mit glücklich verheirateten Eltern. Daß Kinder eindeutige Bezugspersonen brauchen, scheint unbestritten. Doch Kontinuität kann natürlich auch die Kontinuität von Unordnung meinen: Das Kind sucht sich seine Patchworkfamilie aus einem Netz von Beziehungen zusammen. Es hat ein Recht auf die Konflikte seiner Bezugspersonen. So wurde zum Beispiel beim Harmonisierungskonzept im Falle einer Trennung der Eltern der frühere Partner, der Vater des Kindes, als Störfaktor betrachtet. Neuere Erkenntnisse aber bestätigen, daß Kinder durchaus die Fähigkeit besitzen, zu differenzieren und den verschiedenen Bezugspersonen bestimmte Rollen zuzuweisen. Diese Fähigkeit, sich eigene Netzwerke zu konstruieren, ist dem Menschen scheinbar eigen. In voller Breite zeigt sich diese Begabung jedoch zum erstenmal bei einer Generation, die von Anfang an mit einem Lebensmodell unklarer Hierarchien konfrontiert wurde. Der Lebensästhet lebt die Kontinuität seines eigenen Konfliktes. Die daraus resultierenden Entscheidungen gehorchen jener Ambivalenz, die fälschlicherweise oft als Beliebigkeit wahrgenommen wird.

Jenseits des Lustprinzips erwächst die Lust aus dem Prinzip

Dennoch, und nichts anderes beschreibt die Tugend der Orientierungslosigkeit, thront der Lebensästhet als kleiner Herrscher in einem Königreich bestimmender Patchworkmoral und determinierender Wertezusammenhänge. Und wie alle autonomen Regierungen erlauben diese »kleinen Nationen« auch nur bedingt das Eindringen fremder Ansichten und Wertekonstruktionen in den eigenen Staatsraum. Gerade weil der Lebensästhet selbst Urheber seiner Normen und Werte ist, fühlt er sich auch nur ihnen gegenüber verpflichtet, läßt dieses geschlossene Wertegebäude jenseits der klassischen Doppelmoral die Einbindung in gemeinschaftliche Gefüge, wie die Familie, unmöglich werden. Unabhängig vom Willen der einzelnen Person hat die Ausdifferenzierung der Wertewelten ihre Spuren hinterlassen.

Genau jene Mechanismen, die die Einbindung des Lebensästheten in klassische Familienkonstruktionen heute so schwierig machen, lassen das Modell einer lebenswerten und funktionsfähigen Zivilgesellschaft in greifbare Nähe rücken. Es ist die gleiche Form der Emanzipation von vorgefertigten Wertegebäuden, die sowohl das Modell der Kleinfamilie wie auch das des Fremdenhasses scheitern läßt.

Der Lebensästhet ist ein Bastler. Er bastelt an der eigenen Biographie, der eigenen Moral und auch der eigenen Religion. Und täglich tritt er ein oder zwei Schritte zurück, um sein Werk zu betrachten. Und blickt man auf die Gesamtheit der Lebensästheten, so ist dieser permanente Prozeß der Entwicklung von Wertesystemen das einzig verbindende Element. In einer auf diese Weise individualisierten Gesellschaft lassen sich nicht mehr Ziele, sondern nur noch Prozesse eindeutig beschreiben. Dies ist im übrigen die einzige Parallele zur mathematischen Chaos-Theorie.

Die Nabelschnur zu den Zwangsgemeinschaften des Alltags

Letztlich kennzeichnet die freiwillige, wenn auch zumeist nicht so empfundene Unterordnung unter selbstgeschaffene Prinzipien das lebensästhetische Paradigma. Die Existenz unter dem Zwang einer umfassenden, wenn auch persönlichen Moral ist hart und unerbittlich. Die Suche nach menschlicher Wärme und wirtschaftliche Zwänge verlangen jedoch auch vom Lebensästheten das Navigieren in fremden Wertewelten.

Douglas Coupland irrte, als er in »Generation X« den einzigen Weg, seinen persönlichen Präferenzen Rechnung zu tragen, als Gang in die Wüste beschrieb. Tatsächlich haben sich die Prototypen der Generation X weiterentwickelt, und schließlich ist dem Lebensästheten heutzutage Mamis Sofa doch näher als die Wüste von Nevada.

Das Verhaltensmuster der Flucht vor der Zivilisation hat sich nicht durchgesetzt. Der »Aussteiger« ist viel eher ein Phänomen der siebziger Jahre als der Gegenwart. An die Stelle der romantischen Weltflucht sind neue Mechanismen im Umgang mit widersprüchlichen Wertesystemen getreten. Auch der Lebensästhet ist gezwungen, sich zwischen Personen, kleinen Gruppen und großen Zusammenhängen zu bewegen, die jeweils über sehr unterschiedliche Moralkodizes verfügen. Ob bei dem oder der Angebeteten, im Freundeskreis, bei den Eltern oder am Arbeitsplatz, überall lauern fremde Wertewelten, die erst einmal gehandhabt werden wollen. Üblicherweise wurde diese Art von Anpassungsleistung als Opportunismus gebrandmarkt. Im lebensästhetischen Paradigma stellt dieser Neo-Opportunismus jedoch die einzige Möglichkeit dar, mit einer Unzahl verschiedener Personen und Gruppen umzugehen. Vor dem Hintergrund einer eigenen, unumstößlichen Moral erlaubt er die spielerische Navigation im Chaos der postmaterialistischen Informations- und Individualgesellschaft. Die Fähigkeit zu einem solchen »Moral-Surfen« ist die Basis einer neuen Ethik.

Douglas Coupland hat die Generation X verraten

Das Verhältnis des Lebensästheten zu seiner Herkunftsfamilie illustriert die Funktionsmechanismen von Moralsurfing und Neo-Opportunismus. Die Affinität erwachsener Lebensästheten zu den Gefühlen kindlicher Geborgenheit stiftet oft Verwirrung. Die verbreitete Sehnsucht nach Rückkehr in eine heile Familie, nach Sicherheit und Überschaubarkeit, wird immer wieder als Scheitern des Modells der Selbstverwirklichung gewertet. Auch Douglas Coupland hat seine Generation X verraten. Der »Erfinder« dieser Generation hat mit der Schilderung der verzweifelten Sehnsucht seiner Protagonisten nach Liebe zwar den Geist der Zeit getroffen, doch seine zutreffende Analyse der Werte der 89er brach an diesem Punkt zusammen. Er beschrieb die Ablösung des Traums von Sicherheit und Wohlstand durch ein Paradigma der Ziellosigkeit und der McJobs. Am Ende aber verfiel er dann doch wieder in die alte Leier von der Rückbesinnung auf Family Values und später sogar die Werte des christlichen Glaubens. Der dieser Vorstellung immanente Fehler ist zugleich der Kern von Neo-Opportunismus und Moralsurfing.

Es stimmt, daß fast alle Menschen dazu neigen, ihre eigene Kindheit zu romantisieren. Und selbstverständlich sind diese Gefühle auch den Lebensästheten nicht fremd. Richtig ist aber auch, daß sich die Einstellungen zu verschiedenen politischen Fragen und Präferenzen seit den fünfziger Jahren immer weiter auseinanderentwickelt haben. Die Theorie einer solchen Milieukristallisation ist insofern höchst interessant, als gerade die Bedeutung der Family Values den größten Veränderungen unterworfen war. Gaben die Einstellungen zu den konservativen Familienwerten 1955 noch am wenigsten Auskunft über die Milieuzugehörigkeit der Befragten, so waren sie 1988 signifikantestes Merkmal des Auseinanderstrebens der verschiedenen Milieus. Mindestens bis zum Beginn der Neunziger stieg die Ablehnung der Family Values in der Gruppe der 18- bis 28jährigen an. Warum sich an dieser Ablehnung trotz Romantisierung der Kindheit nichts geändert hat, liegt schlicht daran, daß Lebensästheten die Geborgenheit der Eltern funktionalisiert haben. Die in letzter Zeit zu beobachtende gestiegene Zustimmung der jungen Generation zu familiären Werten muß vor diesem Hintergrund betrachtet werden.

Glauben und Zynismus

Der regelmäßige Besuch so vieler Lebensästheten bei Vater oder Mutter dient einem doppelten Zweck. Selbst wenn sie das Alter, in dem das ausgiebige Beisammensein mit den Eltern eine unhinterfragbare Selbstverständlichkeit darstellte, längst überschritten haben, bietet ein solcher Besuch sowohl den Genuß jener Wärme und Nähe, die sie als Kind erfahren haben, als aber auch der permanenten Vergewisserung über die katastrophale Realität eines solchen Lebensmodells.

Der Lebensästhet kehrt immer wieder zurück an den Ort seiner Erziehung, er läßt sich ein ums andere Mal nieder zwischen schauerlichen Polstergarnituren und duftendem Gänsebraten. Er genießt die Kontinuität im Leben seiner Erzeuger, und dennoch: So möchte er selbst nie leben! Diese Erkenntnis befällt ihn nach jedem Besuch von neuem, nach drei Stunden oder zwei Tagen, je nach Entfernung zu seinem eigenen Wohnort. Die Hoffnung, »daß diesmal sicher alles ganz schön sein wird«, ist der Kern des Neo-Opportunismus. Diesem eigenen Optimismus vertrauend, tritt der Lebensästhet jede Visite bei den Eltern mit neuer Zuversicht an. Und das, obwohl er genau weiß, mit welch hoher Wahrscheinlichkeit sich das Desaster des letzten Besuches wiederholen wird.

Neo-Opportunismus ereignet sich im Spannungsfeld von Glaube und Zynismus. Sein Instrument ist das Moralsurfing. Denn nur der immer wiederkehrende Glaube an die funktionierende Harmonie der Kleinfamilie versetzt den Lebensästheten in die Lage, Wärme und Zuwendung der Eltern zu genießen. Moralsurfing gibt ihm die Sicherheit eines Grundzynismus, der ihn zwar die fremde Wertewelt seiner Eltern emotional erfahren läßt, zugleich aber die eigene lebensästhetische Konstruktion intakt hält. Der Lebensästhet »surft« also aus seinem individuellen Moralgebäude in die Wertewelt der bürgerlichen Familie, indem er sich wenigstens für den kurzen Zeitraum seines Besuches der Suggestion einer heilen Welt hingibt.

Die Verklärung der Kindheit muß also, sofern sie keinen normativen Anspruch formuliert, nicht unbedingt negativ gewertet werden. Traditionell genießen Mutter oder Vater bei in die Jahre gekommenen Singles mehr Beachtung als bei Menschen, die in ihrer selbstgeschaffenen Familie leben. Diese intensive Bindung zu den Eltern ist auch bei Lebensästheten zu beobachten. Allerdings weist diese Nähe nicht auf eine erstrebte Lebensperspektive »Familie« hin. Ganz im Gegenteil, die Inszenierung von Family Values durch die Rückbesinnung auf die eigene Kindheit ist vielmehr ein Zeichen der Ablehnung bürgerlich-familiärer Lebensformen im eigenen Alltag.

Wenn allerdings von Solidarität und Sorge gegenüber den Alten die Rede ist, bietet der vermeintliche Individualist aus Eigeninteresse oft mehr Einsatz von Zeit und Energien gegenüber Eltern und Großeltern auf als mancher »stolze Familienvater« mit sozialdemokratischem Parteibuch. Die Verpflichtung auf das eigene Lebenskonzept, auf die Lebensästhetik, muß nämlich keineswegs auf Kosten der Umwelt gehen. Es gibt keine Anzeichen dafür, daß Großstadtsingles ihre kranken Großmütter weniger unterstützen als Familiengründer. Wahrscheinlich ist die im Sinne des Neo-Opportunismus funktional bedingte Abhängigkeit von den fernen Wertewelten die Triebkraft für diese der klassischen Verantwortungsethik weit überlegene Form der Hilfsbereitschaft.

Zu Gast in den kleinen Diktaturen des Alltags

Neo-Opportunismus und Moralsurfing ermöglichen es dem Lebensästheten jedoch, nicht nur temporär und ohne schlechtes Gewissen gegenüber der eigenen Moral an der Sphäre des Familiären zu partizipieren. Auch der Umgang mit dem Partner oder der Partnerin ist auf diese Mechanismen angewiesen. Das führt unsere Gesellschaft in eine Ära vollkommen neuer »Familien«konstruktionen und Beziehungsformen.

Trotz Kinderschänder- und Vergewaltigungsdebatte wollen uns Medien und Politiker immer wieder weismachen, daß die klassische Familie weder überholt noch verzichtbar ist. Die Familie lebt! Hillary Clinton plädiert unter der Schirmherrschaft von Amitai Etzioni für Family Values, und Homosexuelle wollen auch endlich heiraten dürfen. Wozu? Eine Frage, die sich in Zeiten galoppierender Unzuverlässigkeit *(«Du, tut mir leid, daß ich dich gestern zwei Stunden an der Straßenecke hab' warten lassen« - »Schon okay«)* ständig zu stellen scheint. Sind die Jungen, die 89er oder Lebensästheten überhaupt noch zur bürgerlichen Ehe fähig? Und wenn ja, gibt es überhaupt noch einen Grund, sich auf diese kleinen Diktaturen des Alltags einzulassen? Dabei sind die Lebensästheten nicht einmal besonders entschlossene Ehegegner. Im Gegenteil, die Versuche, sich dieser ehernen Institution anzuvertrauen, sind zahlreich. Doch kann ein solches Lebensmodell überhaupt noch funktionieren, wenn Lebensästhetik im Spiel ist?

Eins sei vorausgeschickt: Die Souveränität einer lebensästhetischen Konstruktion ist im Gefüge einer Familie nicht gewährleistet – die Menschenrechte sind in der Familie außer Kraft gesetzt. Eine Familie bietet unter klaren Voraussetzungen Halt und Sicherheit, werden diese nicht erfüllt, droht der Rausschmiß. »Solange du deine Füße unter meinen Tisch stellst, machst du, was ich will«, kann wohl kaum als freundliche Aufforderung zu einem konstruktiven Wertediskurs verstanden werden. Klare Rahmenbedingungen, stringente Rollenzuweisungen und starre Rituale sind unbestritten in der Kleinfamilie beheimatete Phänomene. Doch für die Mystifizierung solcher Strukturen besteht überhaupt kein Anlaß.

Dennoch gewinnt man oft den Eindruck, die Familie sei nie so wichtig gewesen wie heute – ausgenommen früher natürlich! Da war sie erst recht harmonisch, generationenübergreifend und intakt. In Zeiten des Werteverfalls erscheint die Familie vielen als letzte Möglichkeit, um Reste von Solidarität und Gemeinsinn ins nächste Jahrtausend zu retten. Die Erkenntnis aber, daß der Erhalt kleinfamiliärer Strukturen weder möglich noch wünschenswert ist und daß andere Mechanismen positiver Motivation längst das Zwangskorsett Familie abgelöst haben, gehört zu den Eckpfeilern des lebensästhetischen Universums.

Bargaining und das Problem mit der Liebe

Was aber passiert, wenn zwei Lebensästheten aufeinandertreffen und sich gar ineinander verlieben? Die Wahrscheinlichkeit, daß persönliche Affinität und die Kompatibilität ihrer Wertecontainer simultan auftreten, geht gegen null. Auf welchem Fundament also soll das Gebäude der Beziehung errichtet werden? Es erscheint unmöglich, daß zwei Menschen jedes Detail ihres Miteinanders neu aushandeln. Schon ein gemeinsames Frühstück zweier Lebensästheten bedeutet eine Kollision fremder Welten. Der Wegfall überlieferter Hierarchien, wie etwa die Unterordnung der Frau gegenüber dem Mann, läßt ein Regelvakuum entstehen, das die Aushandlung selbst kleinster Details des täglichen Miteinanders unumgänglich macht. Bargaining beschreibt den Prozeß dieses Aushandelns von Ansprüchen. Gleich dem lärmenden Treiben eines orientalischen Basars führen die Partner einen Preiskampf um das gute Leben. Im einen Moment verbucht man einen Gewinn und im nächsten muß man einen Rückschlag einstecken. Und da selbst der Lebensästhet hin und wieder vom ewigen Bargaining die Nase voll hat, schwelen im Miteinander permanent die unausgehandelten Konflikte zwischen zwei Moralgebäuden.

Moralkollisionen am Frühstückstisch

So kann selbst das Frühstück zu einem Trip durch die Hölle werden. Nachdem der Streit um die Raumtemperatur der Küche noch glimpflich beigelegt werden konnte, kommt es spätestens bei der Frage nach dem Morgengetränk zur Eskalation. Beide sind Liebhaber eines guten Tees. Auf eine gemeinsame Sorte können sie sich hingegen nur schwer einigen. Als die Lösung beinahe schon in greifbare Nähe gerückt scheint, scheitert das Aufbrühen eines Hochland-Darjeelings jedoch an der zweifelhaften Herkunft dieses Getränks. Sie äußert klar und unmißverständlich, daß sie weder gewillt noch in der Lage sei, einen nicht ökologisch angebauten und fair gehandelten Tee zu konsumieren. Ihm bleibt nichts anderes übrig, als vor diesen Grundsätzen sein zukünftiges Einkaufsverhalten zu überdenken. Man einigt sich letztlich auf Kaffee. Da er eigentlich selten Kaffee trinkt, ist die vorrätige Sorte zwar etwas alt, aber dafür erfüllt sie die restriktiven Einfuhrbestimmungen in den Körper der Lebensästhetin. Vorerst scheint das Problem beseitigt und eine Lösung gefunden. Doch nun entbrennt ein unerbittlicher Glaubenskrieg über die Konzentration

des Kaffees. Sie liebt ihn kräftig, doch er lehnt starken Kaffe schon aus gesundheitlichen Gründen kategorisch ab.

Trotz der ungenießbaren Flüssigkeit, die schließlich in den Tassen unserer beiden Lebensästheten schwappt, sitzen zwei stolze Sieger am Frühstückstisch. Das eigene Wertegebäude permanent zu verteidigen und durch Prozesse des Aushandelns in Beziehung zur Umwelt zu setzten, ist die bestimmende Komponente des lebensästhetischen Paradigmas. Unerfreuliche Kleinigkeiten wie ein wässriger alter Kaffee nehmen sich da als vernachlässigbare Bagatellen aus. Unterschiedliche Meinungen und Ansichten unterliegend nicht mehr dem Druck allgemein verbindlicher Konventionen, sondern können sich mit aller Konsequenz frei entfalten.

Von der Leidenschaft zur friedlichen Koexistenz

Seit dem Rückgang kirchlichen Einflusses wird nicht mehr der Herr im Himmel bei Tod und Krankheit angebetet, sondern der Lebensgefährte. Die Auflösung einer geschlossenen christlichen Moral übertrug der Lebensgemeinschaft die schwere Bürde, für die Suche nach Zukunft und Perspektiven, für Identität und Orientierung allein verantwortlich zu sein. Diese Mehrbelastung zehrt schon seit langem am Konstrukt der bürgerlichen Ehe und all ihrer Nachfolgerinnen. Unzählige Ratgeber, Kummerspalten und wissenschaftliche Analysen sprechen für sich. In der Ära des Lebensästheten kommt ein weiterer Anspruch an das Miteinander hinzu: die Bestätigung des eigenen Ich. Für eine Beziehung heißt das nichts anderes, als daß der Partner neben seiner Zuständigkeit für transzendenten Sinn, bürgerliche Stabilität und romantische Leidenschaft nun auch noch nahtlos in das lebensästhetische Gefüge seines Gegenübers passen muß. Kurzum: Für den Lebensästheten hat die bürgerliche Ehe abgedankt. Er verspricht sich von seinem Partner oder seiner Partnerin schon lange nicht mehr den Ersatz für den kirchlichen Glauben oder die Stabilität der klassischen Familie. Wieso auch? Family Values können ohne Reue bei den Eltern konsumiert werden, und die Tugend der Orientierungslosigkeit befreite vom Streben nach Sicherheit und Wohlstand. Der Lebensästhet arbeitet an sich. Auch die Liebe dient nur der Vervollkommnung seiner selbst als Gesamtkunstwerk.

Und trotzdem bedeutet die Egomanie des Lebensästheten keinen wirklich ernsthaften Nachteil für ein partnerschaftliches Verhalten. Die emanzipierte Beziehung ist eine Gemeinschaft des Aushandelns. Je mehr Überschneidungen die Lebensräume beider Partner haben, desto mehr Punkte bedürfen des Bargaining. Auslagerung von Problemfeldern und räumliche Distanz sind daher die naheliegenden Reaktionen. Denn Moralsurfing funktioniert eben nur, wenn man mit beiden Beinen auf dem lebensästhetischen Boden der eigenen vier Wände steht. Eine Ganztagsbetreuung durch den Geliebten oder die Geliebte würde die vollständige Übereinstimmung zweier lebensästhetischer Konstruktionen erfordern. Das aber ist per definitionem ausgeschlossen. So wie die Zuneigung zur Familie erhält sich die Leidenschaft durch das neo-opportunistische Gleichgewicht von Distanz und Nähe, von Glaube und Zynismus.

Petra etwa wohnt in Iserlohn, ihr Freund lebt in Kanada. Beide scheinen glücklich zu sein. Hin und wieder besuchen sie sich gegenseitig und genießen die gemeinsame Zeit. Abgesehen von den Dramen am Frühstückstisch halten sich die Desaster in Grenzen. Die Liebe in definierten Zeitfenstern ermöglicht ein neo-opportunistisches Miteinander. Ausgehandelt wird nur, was für das Fortbestehen der Beziehung über 5000 km Entfernung hinweg vonnöten ist, der räumlich verbundene Umgang miteinander findet nur temporär statt. Die Wohnung und das Umfeld des anderen sind dabei tabu, das ist »seine Sache«. Moralsurfing macht den Besuch zum Vergnügen, als teilnehmender Beobachter erfreut man sich an der exotischen Lebenswelt des anderen. Den anderen missionieren zu wollen, erscheint vor dem Hintergrund lebensästhetischer Grundfesten sowieso als zum Scheitern verurteiltes Unterfangen. Somit steigt die Funktionsfähigkeit einer Partnerschaft direkt mit der Größe der Distanz. Hier gilt ebenso, was am Beispiel der Familie als Neo-Opportunismus beschrieben wurde: Der moralisch konsistente, ehrliche Glaube an den Partner ist nur zeitlich begrenzt möglich, das Wissen um diesen Umstand aber ist deshalb nicht zynisch, weil im Ergebnis die Huldigung des Partners steht.

Wenn die Wertefalle zuschnappt

Die oft beschworene elektronische Beziehung im Labyrinth von Chat-Boxen und E-Mails ist der Inbegriff einer perfektionierten Partnerschaft. Kein anderes Medium hält einem die Schwächen und Macken seines Partners besser vom Hals als das Internet. Der Mensch am anderen Ende der Welt kristallisiert zum reinen Abbild seiner lebensästhetischen Konstruktion. Beide »Netties« idealisieren sich und den anderen. Kein Pickel und keine geschmacklose Cordhose steht dem ehrlichen Glauben an die Perfektion des elektronischen Freundes im Weg. Im global village ist sowohl totale Ablehnung wie auch grenzenlose Anbetung des Partners zu Hause – was außen vor bleibt, sind die Mühen der Ebene. Ist die Leidenschaft erst einmal entbrannt, gibt es nur noch einen wirklichen Horror: die leibhaftige Begegnung mit dem Fremden.

Denn Leidenschaft ist, so lehrt uns das Ideal von der romantischen Liebe, eigentlich unerfüllbar, und die Faszination des anderen hält nur selten ewig. Räumliche Entfernung der Wohnungen oder die Trennung von Tisch und Bett aber schaffen jenes Distanzgefüge, das das idealisierte Bild des Geliebten konserviert. Dabei bilden vor allem zwei Modelle den Rahmen des lebensästhetischen Beziehungsspektrums: die gemeinsame Wohnung ohne Sex, aber mit allen Spielarten der bürgerlichen Ehe, und Sex ohne gemeinsame Wohnung, aber mit den Idealen der romantischen Zweisamkeit. Die romantische Liebe ist in ihrem Ursprung und in Abgrenzung von der Vernunftehe ein Leitbild des Sehnens. Romantische Liebe bleibt unerfüllt. Erfüllung ist Alltag, und die Erzählungen der Romantiker enden just an diesem Übergang zum »normalen Leben« oder mit dem Selbstmord eines oder beider Beteiligten.

Ironischerweise war es gerade die bürgerliche Moral, die sich immer wieder das Leitbild der romantischen Liebe auf die Fahnen geschrieben hatte. Und es ist gerade dieses Ideal, das einen jener zutiefst konservativen Restbestände im lebensästhetischen Mikrokosmos ausmacht. Um sich aber dem Ideal der sehnenden Liebe verpflichten zu können, mußten die Lebensästheten zuerst einmal den pragmatischen Kern der bürgerlichen Ehe an dritte delegieren. Sie plazierten verpflichtende Werte wie Zuverlässigkeit und Rückhalt bei den Eltern. Und für die täglichen Sorgen und die praktische Lebenshilfe wurde der Freundeskreis verantwortlich gemacht. Die verpflichtenden und disziplinierenden Elemente des kleinfamiliären Wertekorsetts wurden ausgelagert und auf eine Vielzahl von Personen verteilt, ein Modell, das nicht nur wesentlich flexibler ist als die Kleinfamilie, sondern auch erheblich stabiler. Die Apologeten der »bürgerlichen Familie« aber, die heute den Werteverfall beklagen, haben ihn selbst verschuldet, jedenfalls insofern, als sie mit dem Lob der Ehe auch ein Modell romantischer Liebe »auf immer und ewig« mitliefern, das doch den Spaltpilz einer jeden pragmatischen Beziehung darstellt.

Heute sind die Modelle des Zusammenlebens so unterschiedlich wie die Präferenzen und Wertegebäude der Lebensästheten selbst. Die Tugend der Orientierungslosigkeit eröffnet ihnen die Perspektive, täglich neue Formen des Miteinanders zu erschaffen und auszuhandeln. Und trotz aller Beschwörung der Vielfalt sexueller Spielarten in den Medien ist die primäre Heimat körperlicher und seelischer Befriedigung des Lebensästheten die romantische Liebe.

Der Lebensästhet im Netz

Seit einigen Jahren geistern die sogenannten freundschaftlichen Netzwerke mit einiger Penetranz durch Frauenzeitschriften und soziologische Seminare. Glaubt man den zahreichen Darstellungen, so sind freundschaftliche Netzwerke frei von Verpflichtungen und geben trotzdem den Halt einer Familie. Dieses offensichtliche Paradox führt zu zwei grundsätzlichen Lesarten des Phänomens »Freunde«. Die eine wertet Ungebundenheit und Freiheitsliebe als amoralische Ausläufer eines übersteigerten Egoismus. Die andere sieht gerade die traditionellen Familienwerte, wie Verantwortung und Zusammenhalt, in den freundschaftlichen Netzwerken aufgehoben. Beide Antworten sind so richtig wie falsch. Die Netzwerke können von ihren menschlichen Knoten keine Ausrichtung an klaren Konventionen mehr verlangen, weil die einzelnen Lebenswelten zu ausdifferenziert und verschieden sind. Mag es in der Politik genügen, den Verfall von Werten und Übereinkünften zu beklagen, im kleinen Rahmen der Alltagsorganisation müssen doch konkrete Alternativen gefunden werden.

Wärme und Nähe inklusive

Auch wenn im öffentlichen Diskurs gerne das Fehlen von Moral beklagt wird, Werte eher negativ als Verlust oder Verfall konnotiert sind, hat im konkreten Sozialverhalten eine Wende zum Modell der positiven Bestätigung stattgefunden. Nicht anders ist es zu erklären, daß auch noch der unzuverlässigste Freund im Falle eines Umzuges seine Kisten nicht alleine die Treppen hinauftragen muß.

»Meine Freunde sind immer für mich da, wenn ich sie brauche. Sie nehmen mir nichts übel, auch nicht, daß ich mich wieder mal drei Monate nicht gemeldet habe.« Statements wie dieses sprechen eine klare Sprache. Freundschaftsnetze sind keine weltanschaulichen Einheiten. Sie sind Gruppen eigenständiger und sehr verschiedener Individuen, die allein durch gemeinsame Ziele verbunden sind. Wenn die Grundfesten der Lebensästheten bei jeder Kleinigkeit – und sei es, wie beschrieben, die Stärke des Kaffees oder die Raumtemperatur der Küche – zum

Thema werden, ist ein verbindlicher Gruppenkonsens jenseits pragmatischer Ziele vollkommen illusorisch. Der Versuch, dennoch so etwas wie eine eingeschworene Gemeinschaft etablieren zu wollen oder wenigstens ein »Grundgesetz« mit den Regeln der Zusammenarbeit oder des Zusammenlebens aufzustellen, wird nur allzu schnell zum Alptraum.

Die schiere Unmöglichkeit, sich heute noch über gemeinsame Weltbilder oder gar eine von allen Beteiligten geteilte Moral verständigen zu können, erschließt sich besonders anschaulich beim Vergleich kollektiver Wohnformen. Das »gemeinschaftliche« Leben der zeitgenössischen Netzwerke nämlich hat, bei genauem Hinsehen, mit seinen Vorläufern, den Wohngemeinschaften, »Projekten« oder gar »Kommunen« der Siebziger, kaum mehr etwas gemein.

Mit der Entstehung und Verbreitung von WGs in den siebziger Jahren begannen an den Küchentischen der Nation die Verhandlungen einer neuen Moral. Die 68er strebten nach einer weltanschaulichen Einheit, jenseits des Wertegebäudes der Wirtschaftswunder-Ära. Gescheiterte Konstrukte wie »die freie Liebe« sind stumme Zeugen dieses Kampfes um eine neue, allumfassende Moral. Der Wunsch, ein verbindliches Wertegebäude auszuhandeln, war vorhanden, aber glücklicherweise auch noch die Doppelmoral. So endete die Revolution glimpflich mit der Ästhetisierung des Politischen, die Idee des Aushandelns aber wurde der nächsten Generation in Form der antiautoritären Erziehung mit auf den Weg gegeben.

Diese Generation sitzt heute wieder in Wohngemeinschaften, höchst differenzierte Individuen, die hart an ihrer Biographie arbeiten und schon viele Ideen vom guten Leben gesehen, angenommen und wieder verworfen haben. Die WGs der neunziger Jahre handeln keine Weltbilder mehr aus, sind keine weltanschaulichen Gemeinschaften, und sie sind sich dessen bewußt. Wenn es um die Bestückung des Kühlschranks geht, treffen bei fünf Bewohnern zwar fünf Weltanschauungen aufeinander – doch ausgehandelt wird allein die Joghurtmarke und nicht die Moral.

Eine Gemeinschaft ehrloser Gesellen

Der Verlust von allgemein verbindlicher Moral und der Niedergang umfassender Ideologien ereignete sich zeitgleich. Der Pragmatismus im Umgang miteinander, der an die Stelle von Normen und Werten getreten ist, macht die Welt dabei nicht unmenschlicher, sondern nur schwerer erfaßbar.

Freundschaftsnetze sind äußerst pragmatische Gebilde, und interessanterweise führt der verkürzte Blick auf naheliegende Ziele, den Umzug des Freundes zum Beispiel, keineswegs zu einem harten und unmenschlichen Umgang untereinander. Dabei sind die von Lebensästheten geknüpften Netze so ehrlos wie ihre Mitglieder. Denn die Ehre des einzelnen ist stets an ein verbindliches Normensystem gebunden. Deshalb hat der Lebensästhet bei seinen Freunden auch nichts zu verlieren, auch dann nicht, wenn er sie zum Beispiel mal wieder eine Stunde im Regen hat warten lassen. Antworten wie »Es ist ja meine Schuld, ich weiß doch, daß der Typ unzuverlässig ist«, weisen die Richtung zum lebensästhetischen Paradigma: Was ich auch tue, ich tue es meinetwillen. In meinem Handeln bin ich nur mir selbst verpflichtet, und deshalb kann ich auch keinen anderen für meinen Ärger verantwortlich machen. Gerade diese Verknüpfung von Selbstbezug und Selbstverantwortung grenzt das lebensästhetische Gefüge von den Zwangsgemeinschaften der klassischen Moderne ab.

Die Prämisse persönlicher Souveränität führt nicht

allein zu achselzuckender Toleranz gegenüber Menschen mit anderen Einstellungen und zu beziehungslosem Nebeneinander. Auch für soziales Handeln ist Selbstbezogenheit die Voraussetzung. Für die Träger einer postmaterialistischen Ethik beschränkt sich die Befriedigung des Ego schon langE nicht mehr auf rein materiellen Gewinn. Und da die Vorstellungen darüber, was sozial sei und was nicht, mehr und mehr auseinanderklaffen, profitieren mindestens so viele Menschen von den »Macken« des einzelnen wie unter seiner »sozialen Unverbindlichkeit« zu leiden haben.

Vom Segen des Egoismus

Amitai Etzioni, der Vordenker des amerikanischen Kommunitarismus, kritisiert in »Die faire Gesellschaft« die neoklassische Idee einer Mono-Nutzen-Welt, in der »alles Streben nur ein überragendes Ziel hat, nämlich das Vergnügen zu maximieren«. Er glaubt, »daß moralische Handlungen (wie wahrer Altruismus) völlig andere Bewertungskriterien und eine andere Erklärung der Gründe nahelegen, warum Menschen sich so verhalten, wie sie es tun, als die, die sich aus Konsum und anderen Quellen ergeben«. Etzioni schließt daraus, daß menschliches Verhalten grundlegend von zwei Faktoren beeinflußt wird: von moralischen Grundsätzen und wirtschaftlichen Erwägungen. Personen handeln entweder vor dem Hintergrund ihres Strebens nach Vergnügen oder ihrer moralischen Pflicht. Gleichzeitig sieht er beide Faktoren gesellschaftlichen Rahmenbedingungen und Veränderungen unterworfen und zeichnet das Bild eines Individuums, das im Spannungsfeld von Moral und Nutzen handelt. Dieses Bild, das im übrigen von nicht wenigen geteilt wird, ist im Hinblick auf den Lebensästheten nur schwer zu halten. Es impliziert jene harte Welt sozialer Kälte, die nicht nur von den Kommunitaristen mit dem Verschwinden eines breiten moralischen Konsens verbunden wird.

Die Grundannahme, daß nur ein klar umrissener moralischer Konsens das faire Miteinander der Mitglieder einer Gesellschaft garantieren kann, ist schlichtweg falsch. Denn sie setzt stillschweigend voraus, daß Menschen, wenn allgemein verbindliche moralische Prinzipien fehlen, ohne Rücksicht auf andere die Maximierung des eigenen Lustgewinns anstreben. Vergessen wird dabei, daß genau dieser unterstellte Lustgewinn wiederum nur vor dem Hintergrund eines allgemeinen Wertekonsenses eindeutig als solcher beschrieben werden kann.

Wenn jemand zum Beispiel eine kranke Freundin nur deshalb im Krankenhaus besucht, weil er gestern schon wieder den ganzen Tag vor dem Fernseher verbracht und damit sein persönliches lebensästhetisches Ideal verletzt hat, kann diese – und jede andere mögliche – Motivation der Freundin natürlich vollkommen gleichgültig sein. Für sie zählt in erster Linie das positive Ergebnis, endlich einmal Besuch zu bekommen. Ob Altruismus oder Egoismus den Besuch motiviert haben – entscheidend ist, daß für beide ein Mehrwert entstanden ist. Das beruhigte Gewissen des Besuchers und die Freude der Kranken stellen einen Lustgewinn für alle Beteiligten dar. Am besten funktioniert das bei einem möglichst umfassenden Moralpluralismus. Die Chance, daß sich im Freundeskreis der Kranken an diesem Nachmittag mindestens eine Person anfindet, deren persönlicher Imperativ heute einen Krankenbesuch verlangt, wächst mit der Vielfalt individueller Präferenzen und der Größe des Freundeskreises.

Wenn wir es mit Menschen zu tun haben, die weder den »richtigen« allgemeinverbindlichen moralischen Werten wie Solidarität und Gemeinsinn verpflichtet sind noch den »falschen« wie Rücksichtslosigkeit und Gewinnmaximierung, sondern über eine unüberschaubare Vielzahl eigenständiger Wertesysteme verfügen, dann ist auch der Effekt, den die Maximierung des jeweils eigenen Nutzens auf andere hat, nicht mehr klar und schon gar nicht negativ auszumachen.

Wenn Deutung zum Glücksspiel wird

Das entscheidende Indiz für die Existenz von allgemeiner Moral entbundene Individuen ist die Unmöglichkeit des Rückschlusses von der Handlung auf das Sein. Die Undurchschaubarkeit der Motivation im Handeln des einzelnen zeigt sich am Beispiel eines Geschäftsführers, der im festen Glauben an die höhere Produktivität zufriedener Angestellter auch ohne Verpflichtung ein dreizehntes Monatsgehalt bezahlt. Es sei dahingestellt, ob sich diese Maßnahme für ihn auszahlt. Aus dem Resultat, einem höheren Lohn nämlich, läßt sich aber nicht ohne weiteres seine Motivation, in diesem Fall die erhöhte Produktivität, ableiten. Genauso gut hätte auch eine Geste sozialer Verpflichtung gegenüber dem engsten Freund, einem Gewerkschafter, oder eine Maßnahme der Gewinnausschüttung aus Steuergründen die Ursache seines Handelns sein können. Verständlicherweise erhöht sich die Zahl möglicher Motivationen für mitmenschliches Handeln (z. B. den Krankenbesuch) beim Schwenk auf den Lebensästheten mehrfach exponentiell. Die ausgesprochen breite Palette von Ansprüchen an sich selbst, ein gutes Leben, Selbstverbesserung, die Pflege eines Netzwerkes, die eigene Gesundheit oder die Stilisierung seines Lebens als bedeutsames Projekt, sprengt den Rahmen eindeutiger Prognosen

Der Lebensästhet ist in seinem Handeln dem persönlichen Nutzen verpflichtet, sein Tun ist ökonomisch motiviert. Und daß die Logik individueller ökonomischer Zusammenhänge weitaus schwerer einzuschätzen ist als das einer verbindlichen Moral unterworfene Verhalten, müssen all jene zur Kenntnis nehmen, die versuchen, die Motivationen des Lebensästheten zu ergründen.

Mögen sich soziologische Fakultäten und Institute der Republik getrost noch ein paar Jahre vor der Realität der neunziger Jahre verschließen, Wirtschaft, politische Parteien und Organisationen müssen tagtäglich an vorderster Front kämpfen. Sie ringen mit immer neuen Konzepten in immer kürzeren Zeitintervallen um die stetig abnehmende Gunst ihrer Zielgruppen. Der Lebensästhet, längst auf der gesellschaftlichen Bühne erschienen, bereitet nicht nur Gewerkschaften und Sozialdemokraten ernsthaftes Kopfzerbrechen. Auch die lange in wohligem Dornröschenschlaf vor sich hin dämmernden Chefetagen der großen Unternehmen sind mittlerweile aufgewacht. Sie wenden sich mit fragendem Blick an Werbeagenturen und Marketingprofis. Die wiederum setzen die klapprige Maschine der empirischen Marktforschung in Gang. Und wenn dieser Apparat erst einmal rasselt, läßt er sich so schnell auch nicht mehr bremsen. Nach anderthalb Jahren Recherche enthüllt uns der Soziologe dann feierlich, daß die Häufigkeit von Sitzblockaden bei politischen Demonstrationen im Feld der 18- bis 20jährigen nur minimale Verschiebungen von 0,453 % gegenüber der Erhebung aus dem Jahre XYZ aufwiese. Da das wiederum weder den Werber noch seinen Kunden weiterbringt, setzen sich die beiden an einen Tisch und stimmen gemeinsam das Klagelied der Orientierungslosigkeit an.

Marktforschung am Ende

Orientierungslosigkeit bedeutet, nicht mehr permanent die Legitimation allwissender Instanzen zur Rechtfertigung seines Tuns zu benötigen. So versagt nicht nur jede Art von Totalitarismus vor der Ignoranz des Lebensästheten. Auch die Deutung seines Handelns wird ausgesprochen schwierig, läßt er sich doch nicht mehr mit den tradierten Zuordnungen zu einzelnen Großgruppen fassen.

Daß die unüberschaubare Vielfalt von Einstellungen und Meinungen sich nicht mehr in die klaren Formen von Zielgruppen und Milieus gießen läßt, ist unterdessen auch der Werbung aufgefallen. Die Konsequenz jedoch, sich deswegen um jedes Moral-Pixel einzeln zu kümmern, bietet auch keinen sinnvollen Ausweg. Denn genau wie die lebensästhetischen Netzwerke, die im Gegensatz zur Familie ständig und mit großem Aufwand instand gehalten werden müssen, wäre die Pflege einer lebensästhetischen Zielgruppe außerordentlich aufwendig und praktisch unbezahlbar. In den freundschaftlichen Netzen muß eine große Zahl von Menschen permanent bei Laune gehalten werden. Und jede Person möchte als Individuum wahrgenommen und persönlich angesprochen werden. Eine funktionale, einheitliche Ansprache würde im Freundeskreis vollständig mißlingen, sie mißlingt auch in der Werbung.

Charakteristischerweise macht nämlich gerade die Angleichung von Handlungsmotivationen im sozialen und im wirtschaftlichen Leben, also die Ökonomisierung der persönlichen Lebenswelt, der Ökonomie und damit auch der Werbung, zu schaffen. Individuelle, aber bei genauem Hinsehen durchaus pragmatische Erwägungen der Käufer jenseits »transzendentaler« (Produkt-)Bindungen werden von den Firmen als Untreue gedeutet. Die für Unternehmen so typische Unzuverlässigkeit, nicht jahrzehntelang automatisch demselben Lieferanten verpflichtet zu sein, wird König Kunde nicht zugestanden.

Das Verhalten des untreuen Kunden hingegen ist aus dessen Perspektive höchst konsistent und verständlich. Er handelt vor dem persönlichen Hintergrund höchst eindeutiger, wenn auch sehr persönlicher Kriterien und Maßstäbe. Sein Handeln ist somit nutzenorientiert, auch wenn sich dieser Nutzen mangels Kenntnis seiner Maßstäbe für den Anbieter nicht benennen läßt. Die scheinbar undurchschaubare Logik lebensästhetischer Handlungen nimmt somit nur der Betrachter wahr, nicht aber das Objekt der Beobachtung. Die Angst vor dem Chaos der Motivationen basiert also nicht auf der grundsätzlichen Undurchschaubarkeit lebensästhetischer Leitbilder, sondern nur auf dem Versagen der Meßinstrumente empirischer Marktforschung.

Zwischenspiel

Auf dem Markt irrationaler Kaufentscheidungen

Das Gespenst der Konsumverweigerung geht um

Konsumverweigerung umschreibt das Versagen des Marketing vor den Ansprüchen des Lebensästheten. Die »68er«, die »Ökos«, die »No-Future-Generation« und die »Generation X« wurden mit diesem Label versehen. Die Chimäre der Konsumverweigerung begleitet uns also seit Jahrzehnten. Immer wieder aufgemotzt, bemäntelt sie die Unfähigkeit, neue Strömungen wahrzunehmen, kulturellen Wandel vorausschauend zu deuten und sich auf die wechselnden Ansprüche immer unkalkulierbarerer Märkte einzustellen. Jede Änderung im Konsumverhalten wird zunächst einmal als Konsumverweigerung gedeutet, denn tatsächlich sind die gängigen Strategien unbrauchbar geworden, wenn eine neue Generation ihre zunächst diffusen Ansprüche artikuliert. Und je weniger eindeutig sich ein solcher kultureller Wandel fassen läßt, desto länger hängt seinen Protagonisten das Etikett der Konsumverweigerung an. Waren die »Konsumverweigerer« der siebziger und achtziger Jahre noch verhältnismäßig leicht in die vertrauten Schemata einzupassen, so hat die lebensästhetische Explosion seit Ende der achtziger Jahre nur Leerstellen oder – aus anderem Blickwinkel – eine nicht mehr beherrschbare Fülle von Deutungsmustern hinterlassen.

Nur vor dem Hintergrund der völligen Hilflosigkeit ihrer Beobachter ist es zu erklären, daß selbst die Techno-Szene anfänglich ebenso zu den Konsumverweigerern gezählt wurde. Kaufkräftigen jungen Menschen, die Monat für Monat Hunderte Mark für Kleidung ausgeben, Konsumverweigerung zu unterstellen, mag grotesk erscheinen, unterstreicht aber auch die Schwierigkeiten, (sub-)kulturelle Phänomene in einen handhabbaren Deutungszusammenhang zu bringen. Bei Techno liegt natürlich der Verdacht nahe, daß der Konsument einfach mal wieder nicht das tat, was er tun sollte, nämlich sich ruhig zu verhalten und die gleichen bewährten Produkte zu erstehen, die er schon immer gekauft hatte. Die hundert Mark, die der Techno-Jünger statt zu H+M in den Berufsbekleidungsladen getragen hat, dann Anlaß genug, das Verdikt der Konsumverweigerung zu fällen.

Trägheit und mangelnde geistige Flexibilität sind keine neuen Phänomene, und das Lamento über die unberechenbare »junge Generation« begleitet uns wahrscheinlich auch, seitdem Menschen Kinder bekommen. Doch die kaum mit rationalen Kriterien erfaßbaren Weltgebäude der Lebensästheten stellen hohe Hürden für diejenigen auf, die ihr Verhalten, ihre Motivation und Imagination empirisch zu ergründen versuchen. Eines aber läßt sich mit ziemlicher Bestimmtheit über diesen Prototypen des Konsumenten der Zukunft sagen: Er ist kein Konsumverweigerer.

Lebensästheten verfügen über Geld und den Willen, ihr Dasein mit einer potentiell unbegrenzten Menge an Gegenständen, Handlungen und Schauplätzen zu untermalen. Nichts ist grundsätzlich unwichtig und Perfektion das oberste Gebot. Doch gleichzeitig ist ihre Ignoranz grenzenlos, wenn sie etwas erst einmal zu Unwichtigem erklärt haben. Der Lebensästhet haßt nichts und niemanden, höchstens sich selbst, und da er auch nur sich selbst liebt, liebt er auch die Dinge, die seiner Existenz zugeordnet sind.

Waren sind für den Lebensästheten Fetisch und Redundanz gleichermaßen. Das Produkt bekommt Bedeutung allein vom Konsumenten verliehen, sein eigenes Profil bleibt vage und unscharf. Einmal mit Sinn aufgeladen, erhält das Produkt einen anthropomorphen Charakter, wird Freund oder religiöser Schrein. Läßt sich aber, aus Gründen, die dem Außenstehenden für immer rätselhaft bleiben mögen, für das Produkt keine Sinn-Nische finden, so bleibt ihm nurmehr, ein trübsinniges Schattendasein zu fristen und auf die Gnade eines anderen Lebensästheten zu hoffen.

Das heißt, für den Lebensästheten kann jedes, aber auch jedes Produkt zum sogenannten Kultprodukt werden, doch der Kult erstreckt sich jeweils nur auf eine Person und ist kaum übertragbar. Denn die Verständigungsmöglichkeiten über Vorlieben sind begrenzt, und generierte Kulte straft der Lebensästhet meist mit Nichtachtung. Schließlich haßt der kleine Nationalist nichts mehr als die Einmischung in innere Angelegenheiten. Und so ist die Vorstellung einer verschworenen Gruppe von Anhängern, die sich um ein Kultprodukt schart, in der Welt des Lebensästheten absurd. Wenn der Lebensästhet allerdings will – warum, wann und was er will, ist dabei für seine Beobachter einigermaßen rätselhaft –, widmet er sich einem Produkt mit religiöser Inbrunst und persönlichem Einsatz, die das, was man üblicherweise »Kultprodukten« zuschreibt, weit übertreffen.

Das Schweinebein an der Paketausgabe

Daß der Umsatz von Parmaschinken in der Bundesrepublik bei stagnierenden Realeinkommen in den letzten Jahren dramatisch gestiegen ist, braucht wohl nicht Anlaß zur Sorge zu geben. Aber wenn man weiß, welche Blüten der Schinken-Kult eines Lebensästheten treiben kann, wäre man vielleicht nachdenklicher. Ein erstklassiger Schinken aus dem Feinkostgeschäft der besten Straße der Stadt ist jedenfalls nicht das Rechte für ihn. Es muß schon ein Stück aus jener Kleinstadt in der Nähe von Rom sein, wo er in jungen Jahren in lauer Sommernacht die Witterung jenes zarten Schinkengeruchs aufnahm, der zum Teil seiner Identität reifen konnte.

Der Lebensästhet also, einmal von dieser speziellen Sorte überzeugt, scheut nun keine Mühen mehr. DEN muß er haben! Auch der Umstand, gleich ein ganzes Schweinebein abnehmen zu müssen, läßt ihn nicht zurückschrecken. Also bestellt er postalisch das Produkt seiner Begierde. Wenn man ihn dann mit dem Schweinebein von der Paketausgabe des zuständigen Postamtes nach Hause wanken sieht, bleiben keine Fragen mehr offen. Mit dem Status-Kult der Yuppie-Ära hat dieser Fetisch wahrlich nichts mehr zu tun. Im Gegenteil, für seine persönliche Obsession setzt sich der Lebensästhet auch gern dem Spott der Nachbarschaft aus. Und auch das nach drei Wochen in der Küche vor sich hin schimmelnde Schweinebein läßt ihn nicht an der Weisheit seiner Entscheidung zweifeln.

Der Lebensästhet hat die Fähigkeit, aus jedem Produkt ein »Private-Product« zu machen. Ihn allein auf die Suche nach dem Authentischen, Einzigartigen festlegen zu wollen, führt aber in die Irre. Denn einzigartig muß das Produkt vor allem aus seiner Sicht werden. Allein die Tatsache, daß er selbst es ausgewählt hat, verleiht dem Produkt die Weihe,

Die Begeisterung für
ein exotisches Produkt
überschreitet im
Zweifelsfalle
die Ekelschwelle mühelos.
Der Urlaubsflirt mit
dem Tintenfisch wird
zum prägenden
Markstein der Biographie
– auch wenn sich der
Freundeskreis mit
Grausen abwendet,
wenn der Fetisch dann
im heimischen
Kochtopf schmort.

nun Teil der Biographie seines Besitzers zu sein. Dafür eignet sich ein beliebiges Massenprodukt ebenso wie das einzigartige Unikat.

Lebensästheten sind in der Regel beleidigt, wenn man das, was sie tun oder konsumieren, als top-modisch oder trendy bezeichnet. Wo Distinktion das Ziel ist, das eigenständige Gesamtkunstwerk Lebensaufgabe, da muß der Verdacht, etwas sei allein als Nachahmung anderer oder aufgrund nicht reflektierter äußerer Einflüsse akzeptiert worden, zur tödlichen Beleidigung werden. Marken, zumal wenn sie sich um ein »Kult«-Profil bemühen, werden von Lebensästheten deshalb nur zögerlich angenommen. Die Integration in die persönliche Sinn- und Moralkonstruktion ist ein umständlicher und zeitraubender Prozeß. Und so sind die eindeutigsten Vertreter der Lebensästhetik gerade nicht jene Followers of Fashion, die als wandelnde Trend-Ikonen so gern als Aushängeschilder des vermeintlich Neuen dienen, sondern multiple Charaktere, deren unentwirrbare Präferenz-Knäule sich den herkömmlichen Instrumenten der Trend-Exploration hartnäckig verweigern. Diese vermeintliche Undurchschaubarkeit lebensästhetischer Weltsicht hat wohl auch der Generation der 89er das Etikett der Konsumverweigerung eingetragen.

In der Einkaufstüte des Lebensästheten

Sie kauft die Bravo, er die FAZ, er kauft Rotkäppchensekt, sie einen Energy-Drink, sie kauft Krabbensalat zum Frühstück, er rümpft die Nase und kauft eine häßliche Sonnenbrille aus dem Dispenser an der Kasse – beide sind 26 und haben für eine Viertelstunde ihre lebensästhetischen Verpflichtungen über Bord geworfen. Das verinnerlichte Zielgruppenprofil hätte ihr natürlich sofort signalisiert, daß das große Leonardo-Di-Caprio-Poster nicht ganz das Rechte für die Altbauwohnung einer Psychologiestudentin ist. Ihn plagt als FAZ-Leser, Wessi und Bierliebhaber ein sanftes schlechtes Gewissen. Und der Marktforscher, der all dies hätte beobachten müssen, wäre mit seinem Latein am Ende. Schlimm genug, daß sich jeder einzelne Lebensästhet ein eigenes Konsumentenprofil zusammensampelt, schlimmer noch, daß er dann hin und wieder von seinen eigenen ästhetischen Richtlinien Urlaub macht. Denn sowohl die minutiöse Erfüllung der selbstgesteckten Konsumvorgaben als auch die gelegentlichen Übertretungen, die den Reiz des Verbotenen in sich tragen, rufen das wohlige Gefühl der Einzigartigkeit hervor, auf das der Lebensästhet so ungern verzichtet.

Außerdem hält er sich ja für einen bewußten Konsumenten, der genau auswählt und gegen die Einflüsterungen der Werbung immun ist. Die Vorstellung, zu einer klar umrissenen Zielgruppe zu gehören, das heißt, mit Hunderttausenden zumindest in einer Hinsicht identisch zu sein, kränkt ihn zutiefst. In einem nachdenklichen Moment würde er sogar grundsätzliche Zweifel an der Marktwirtschaft zugeben oder auf die ökologischen Risiken der Konsumgesellschaft hinweisen.

Doch wer wie er ein besonders intensives Verhältnis zu den unbelebten Gegenständen seiner Umgebung pflegt, kommt um den Kaufrausch nicht herum. Der Konsum bietet die vielfältigsten Möglichkeiten der Identifizierung und Abgrenzung, Grenzüberschreitung und existentiellen Herausforderung. Kaufentscheidungen dienen der Überprüfung und Bestätigung des eigenen Lebenskonzepts. Die bange Frage »Bin ich noch derselbe, wenn ich diesen Videorecorder gekauft habe?« oder »Paßt es wirklich zu mir, ein Auto zu fahren?«, zeigt das Produkt als Prüfstein für die Einhaltung selbstgesteckter moralischer Ziele. Eine solche Herausforderung glücklich gemeistert zu haben, markiert dann einen wichtigen Schritt im ästhetischen Lebenslauf.

Doch das Glück, zu einem wichtigen Baustein im lebensästhetischen Kosmos zu werden, ist nur wenigen Waren vergönnt. Häufig sind es Kleidungsstücke («die blaue Periode« – von 1987 bis 91 trug er nur hellblaue Jeans!) oder bestimmte Lebensmittel («meine Fruchtzwerg-Phase«). Vor allem aber sind es große Anschaffungen, die oft jahrelang überdacht werden mußten, immer wieder aufgeschoben und schließlich mit dem Sprung über die Entscheidungsschwelle zu einem plötzlichen schnellen Abschluß gebracht wurden. An diesem Produkt hängt dann so viel Herzblut und Lebenszeit, daß es einfach nur wichtig sein kann! In der Welt der Lebensästheten ist Liebe käuflich: der Computer, das Bett, das Fahrrad – sie alle sind Lebensabschnittsbegleiter, zuerst als ferne Geliebte, dann als vertraute Hausgenossen.

Doch Liebe gibt es auch auf den ersten Blick! Das absurde Strandgut an den Rändern postmoderner Einkaufswelten reizt zum Spontankauf. All die nutzlosen kleinen Gegenstände im absurden Warenallerlei fordern den Lebensästheten heraus. Hier kann er einmal mehr beweisen, wie einzigartig er ist. Und so landet die Packung lila und blau gefärbter Zuckerwatte namens Fluffy-Stuff dann im Einkaufswagen neben dem lebensästhetisch korrekten Biobrot («Guck mal, ich hab was besonders Blödsinniges gekauft !«). Ein solcher Kauf in Anführungsstrichen bietet Entlastung von ständigem Identitätszwang und bildet eines der unzähligen kleinen Ereignisse, die das Lebenskunstwerk ornamentieren.

Denn ein Produkt steht niemals allein, es ist immer auch Souvenir. Nicht nur seine eigenen ästhetischen und ideellen Qualitäten zählen, sondern auch das ganze Drumherum. Der Ort, die Zeit, die Situation; wer den Lebensästheten begleitet oder in welcher Lebensphase er sich gerade befindet – all dies sind Faktoren für die situative Aufladung

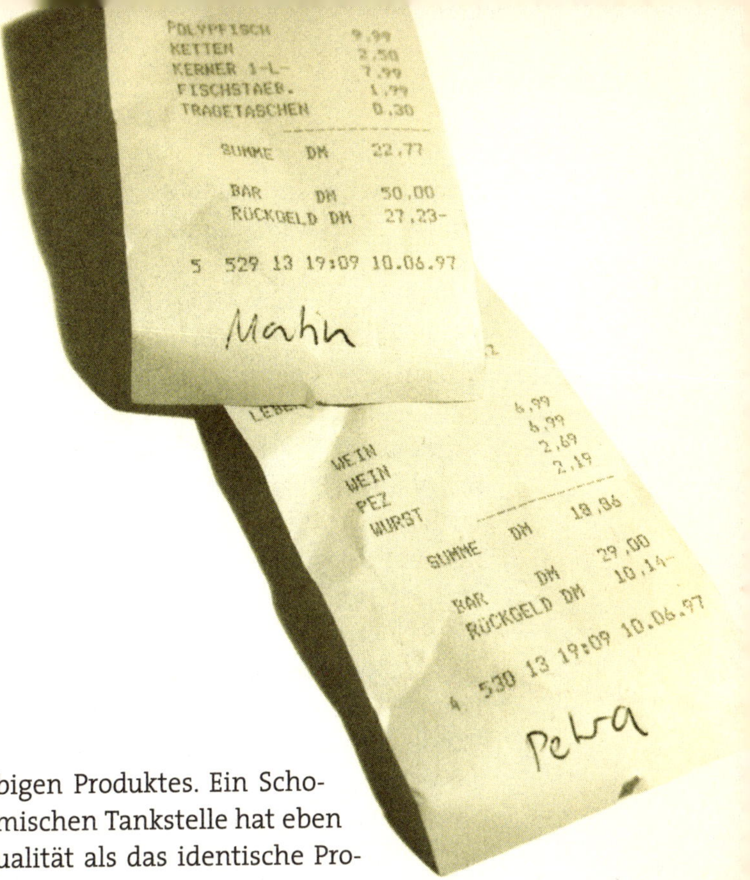

eines beinahe beliebigen Produktes. Ein Schokoriegel von der heimischen Tankstelle hat eben eine ganz andere Qualität als das identische Produkt aus einem Kaufhaus in Rotterdam ...

Geizkragen und Spendierhosen

Wer einen guten Job hat, verdient auch gutes Geld, und wer gutes Geld verdient, ist auch ein freudiger Konsument. Diese oft und gern aufgemachte Gleichung ist natürlich falsch.

Entscheidender ist, auf welches Lebensmodell unser Konsument gesetzt hat, welches Wertesystem er mit sich herumschleppt. Der frustrierte Single mit McJob ist häufiger Gast im globalen Einkaufszentrum als der glückliche Familienvater, der als Alleinverdiener im Postamt hinter dem Schalter sitzt. Und wer bei den kleinen Dingen des Alltags zum Geizhals wird, taucht unversehens in der Zielgruppe der anspruchsvollen Konsumenten auf, wenn er auf einmal 2000 Mark für eine exklusive Naturmatratze übrig hat.

Der Lebensästhet tauscht Sicherheit gegen Konsum. Auch die Mär vom armen Studenten hat ausgedient. Wo dauerhafte Verpflichtungen nicht eingegangen werden, ist auch bei schmalem Geldbeutel eine ganze Menge für den Konsum übrig. Wenn bei seinen Eltern noch Bausparvertrag und Versicherungspolice in der Schublade liegen, kommt im lebensästhetischen Haushalt Ökologisches zu nachhaltigen Preisen auf den Tisch. Und nicht nur Sicherheit hat ihren Preis, auch Family Values kosten Geld! Das stolze Eigenheim soll eine neue Kanalisation bekommen, die Kinder brauchen Musikunterricht, und der Zweitwagen ist schon wieder kaputt! So entsteht das merkwürdige Phänomen, daß sich auch gediegene Normalverdiener am Rande der Sozialhilfe wiederfinden. Von der Lust am Konsum kann dann natürlich nicht mehr die Rede sein.

Was Lebensästheten vereint, ist die Minimierung dauerhafter finanzieller Bindungen. Doch innerhalb des Budgets ist die Mischung aus Kaufrausch und Askese, Spendierfreudigkeit und Sparwillen höchst eigenständig ausgeprägt. So erscheint ein Lebensästhet dem anderen meist als unverbesserlicher Geizhals – obwohl beide doch nur an unterschiedlichen Stellen Prioritäten setzen *(»Ich würde niemals etwas anderes als das billigste Klopapier kaufen – egal wieviel Geld ich habe!«)*. Entsprechend hat dann zum Beispiel das Mountain-Bike mehr gekostet als die Wohnungseinrichtung. Oder der überquellende Kleiderschrank befindet sich in unmittelbarer Nachbarschaft der mit vergammelnden No-Name-Produkten spärlich gefüllten Speisekammer ...

Die Freiheiten, die ihm seine souveräne Verfügungsgewalt über die eigenen finanziellen Mittel bietet, nutzt der Lebensästhet weidlich aus. Gnädig gewährt er dem einen

Produkt Zutritt in seinen Herrschaftsbereich, das andere stößt er unbarmherzig zurück. Im Supermarkt zumindest ist er frei von den ewigen Zwängen des Bargaining und kann wahrhaftig tun und lassen, was er will. »Hier bin ich Mensch, hier darf ich sein«, murmelt er womöglich zu sich selbst, wenn er die Warenregale umschleicht. Daß der gemeinsame Einkauf mit einem anderen Lebensästheten unter diesen Umständen eine haarige Angelegenheit werden kann, ist leicht vorstellbar.

So erlebt man Pärchen, die mit getrennten Einkaufswagen shoppen, Freundesgruppen, die mit Zähigkeit und Geduld jeden Pfennig auf dem gemeinsamen Kassenbon bis zu seinem Ursprung verfolgen – und was Lebensästheten auf die Frage »getrennt oder zusammen?« antworten, dürfte eh klar sein.

Wo die uneingeschränkte Herrschaft über das eigene Leben oberstes Gebot ist, muß eines um jeden Preis vermieden werden: Jemand anderem etwas zu schulden! Denn der könnte womöglich daraus irgendeine Verpflichtung ableiten – und anderen verpflichtet zu sein und nicht jederzeit die Fäden selbst in der Hand zu haben, ist dem Lebensästheten natürlich ein Greuel!

Die Zeichen (2)

Der Lebensästhet auf Arbeit

Eine stille Revolution im Hinterhof

Lebensästheten sind überall. Was auf den ersten Blick wie das Treiben einzelner, besonders wendiger Großstadt-Bohemiens erscheinen mag, die am Ende doch wieder am gedeckten Tisch einer akademischen Karriere Platz nehmen, ist nur die Spitze eines gewaltigen Eisbergs. Anders als die 68er nämlich müssen die 89er und ihre Nachfahren ohne das dehnbare Netz einer Gesellschaft auskommen, die mit Vollbeschäftigung und immer neuen Aufgaben im öffentlichen Dienst nach einiger Zeit noch jeden Ausreißer wieder ins gemeinsame sozialdemokratische Boot geholt hat! Daß auch in Zeiten von Massenarbeitslosigkeit und »Sozialabbau« postmaterielle Lebensentwürfe und lebensästhetischer Selbstbestimmungsanspruch nicht an Reiz verlieren, sondern im Gegenteil immer weitere Kreise ziehen; daß das Comeback der Werte kein kollektives ist, sondern eine Vielzahl höchst individueller Lebensmodelle beinhaltet; daß die traditionellen Hierarchien der Industriegesellschaft immer weniger willige Mitspieler finden – all das sind Anzeichen eines epochalen Paradigmenwechsels. Zwischen Risikogesellschaft und New Work ist der Lebensästhet Akteur und Getriebener dieses Wandels, Rollenmodell und heroisches Konstrukt.

Die Bastelbiographien der Lebensästheten sind nicht der Luxus weniger Yuppies. Die Suche nach dem guten Leben jenseits der Karriere und vor allem jenseits der klassischen Angestelltenwelt hat zu einer ganz neuen Kultur des Tätigseins geführt, die sich viel eher als Cluster vielfältiger Aktivitäten verstehen läßt denn als tarifvertraglich geregelte Vollzeitbeschäftigung. Wo Schüler massenhaft ihr Taschengeld durch Jobs aufbessern oder gar Unternehmen betreiben, Lehrlinge auf die Sekundärtugenden pfeifen und der Meisterbrief weniger schwer wiegt als die in der »Freizeit« erworbenen Computerkenntnisse, überall dort sitzt der Lebensästhet in den Startlöchern.

Und man muß nicht einmal die beliebten Jugendstudien bemühen, um ihm auf die Spur zu kommen.

Neben der explodierenden Vielzahl von Freizeit- und Bildungsangeboten wächst das Angebot an eigentümlichen Tätigkeiten und Dienstleistungen. Nicht wenige sind direkt auf den Lebensästheten zugeschnitten. Dienste wie etwa ein jüngst von den Berliner Verkehrsbetrieben eingeführter Fahrradrikscha-Linienverkehr für Touristen oder das aus den USA importierte Eintüten der Waren an der Supermarktkasse sind eigens mit der Aussicht geschaffen worden, dafür Schüler oder Studenten auf Zeit einstellen zu können. Das ganze schillernde Biotop postindustrieller Dienstleistungen von der Hinterhofgalerie bis zur Software-Schmiede ist die Spielwiese des Lebensästheten.

Nicht die Angehörigen einer Elite zimmern hier an ihren persönlichen Wertesystemen, sondern ein unüberschaubares Heer eigenwilliger Individualisten von der Kassiererin bis zum Supermarktbesitzer, vom Praktikanten bis zum Chef eines Computer-Imperiums. Keine technologische Avantgarde hängt hier am weltweiten Netz, sondern Menschen, die einfach lieber im Monat 40 Mark für den Anschluß ans Internet ausgeben als 150 für die Lebensversicherung.

Wo viele Beobachter noch jammernd am Wegesrand stehen und den Abschied von der Sicherheitsgesellschaft beklagen, bleibt dem Lebensästheten nichts übrig, als es sich in den Freiheiten der zweiten Moderne bequem zu machen. Er hat die Orientierungslosigkeit zur Tugend erhoben, die prospektiven Befürchtungen der Älteren sind in seiner Generation bereits Realität. Und wie meist sind die Gefahren, vor denen man gestern noch zitterte, nur noch halb so bedrohlich, wenn man ihnen Aug in Auge gegenübersteht. Die Angst vor der Armut und die Angst vor der Freiheit gehen für den Lebensästheten nicht mehr Hand in Hand. »Erst kommt das Fressen, dann die Moral« hat in seinem Universum keine Bedeutung mehr. Und vieles, was in unseren Medien mit großem Trara verhandelt wird, ist für ihn nurmehr absurd. Denn ob er will oder nicht, der Abschied vom lebenslangen Arbeitsverhältnis, der Übergang zu Ideenwirtschaft und Infogesellschaft, zu den neuen Freiheiten einer globalisierten Welt sind in seinem Kosmos bereits alltägliche Realität.

Wenn der deutsche Bundespräsident zu Flexibilität und lebenslangem Lernen aufruft, von der Notwendigkeit spricht, daß in Zukunft drei oder vier Berufe ausgeübt werden müssen, so braucht der Lebensästhet nur in den Spiegel zu schauen. Wenn wieder einmal die Rückkehr der Moral proklamiert wird, wird er sich an die zähen Verhandlungen mit seiner Freundin erinnern, und der Beginn des digitalen Zeitalters hieß für ihn C 64, ZX 81 oder 520 ST ...

Wunderkinder am Hamburger-Grill

DIE ZEICHEN (2)

Abschiede und Enden werden gegenwärtig allerorten proklamiert. Vielleicht kennzeichnet sogar nichts unsere neunziger Jahre mehr als das Gefühl, daß vieles, was uns so vertraut schien, zu Ende geht. Was an dessen Stelle tritt, wird dagegen meist nur vage umrissen.

Einer der Abschiede, den die Lebensästheten schon vollzogen haben, ist der Abschied von der Idee der »kleinen Leute«. Dieser merkwürdige Begriff, der Mitte der neunziger Jahre ein ebenso unerwartetes wie fragwürdiges Comeback im Dunstkreis der SPD erlebte, wirkt in einem Universum, in dem sich jeder als kleiner Alleinherrscher versteht, natürlich einigermaßen absurd. Gehört der Lebensästhet, der sich ja immerhin als Mittelpunkt eines selbstbestimmten Mikrokosmos wahrnimmt, etwa auch zu jenen kleinen Leuten, wenn er als Pförtner, Kellner oder Schlafwagenschaffner tätig ist?

Kleine Leute, so legt es die Verwendung dieses Begriffes nahe, bedürfen des Schutzes und der Fürsorge von »großen Leuten«. Der Hamburger bratende Lebensästhet hat aber unverschämterweise nur sehr wenig Interesse daran, daß sich irgendwelche »großen Leute«, sprich Interessenverbände oder Sozialpolitiker, seiner vermeintlichen Notlage annehmen. Denn ist der Lohn auch schlecht, die Arbeitsbedingung abschreckend und das Arbeitsverhältnis höchst unsicher – es ist genau jenes Bewußtsein, etwas Besonderes zu sein, zu mehr als Frittenfett und Putzmittel berufen zu sein, das ihn den prekären McJob als allenfalls vorübergehende Lästigkeit empfinden läßt. Immerhin bietet die temporäre Existenz in den Reihen der »kleinen Leute« gleichzeitig ein Mindestmaß an materiellem Auskommen und ein Höchstmaß an Unverbindlichkeit. Gerade die geringen Ansprüche an Identifikation und Engagement, die die niederen Dienstleistungsjobs kennzeichnen, stellen für den Lebensästheten einen schätzenswerten Vorteil dar.

Denn neben dem Geldverdienen muß er sich ja auch noch der Pflege freundschaftlicher Netzwerke, allerlei Plänen und Projekten und der unvermeidbaren Kontemplation widmen, die einen nicht unbeträchtlichen Teil seines Daseins ausfüllt. Ungewöhnliche Arbeitszeiten stellen für ihn eher einen Vorteil dar, der Gedanke, den Job ohne schlechtes Gewissen jederzeit hinschmeißen zu können, macht einen großen Teil seines Reizes aus. Entscheidend ist dabei für ihn die Vorstellung, daß sein Dasein als Hilfskraft nicht das endgültige Lebensziel darstellt, der nörgelnde Chef nicht das Maß aller Dinge.

Natürlich möchte auch der Lebensästhet eigentlich reich, berühmt und erfolgreich sein, doch nicht mehr um jeden Preis. Lebensästheten wollen nur mit dem Erfolg haben, was sie auch mit ganzem Herzen vertreten. Ist das – aus welchen Gründen auch immer – nicht möglich, reicht der McJob vollkommen aus, und die hochfliegenden Träume bleiben im Innern verschlossen. Die Mühen auf der Karriereleiter, die Freuden des Mittelklassedaseins mit Bausparvertrag und Zweitwagen jedenfalls sind mit seinen Vorstellungen und Ansprüchen kaum vereinbar. Der Mythos »vom Tellerwäscher zum Millionär« bedeutet viel weniger den mühevollen Aufstieg aus kleinen Verhältnissen als das Bewußtsein, potentieller »Millionär« im Wartestand zu sein.

Doch selbst primitive McJobs unterliegen allerlei individuellen Auswahlkriterien – der Lebensästhet braucht schließlich für alles eine gute Begründung! Und eine gute Begründung ist vor allem eine ästhetische! Der Nachtjob in der Videothek versetzt ihn in die Welt von Douglas Coupland oder Bret Easton Ellis; Tankstellen und Schnellimbisse werden eher mit Quentin Tarantino oder David Lynch verbunden als mit Benzingestank und gescheiterter Existenz. Das der Arbeitsplatz wenig mythisch an der B1 statt an der Route 101 befindet, tut der Aufladung nur wenig Abbruch.

Eine Affäre mit dem Nichts

DIE ZEICHEN (2)

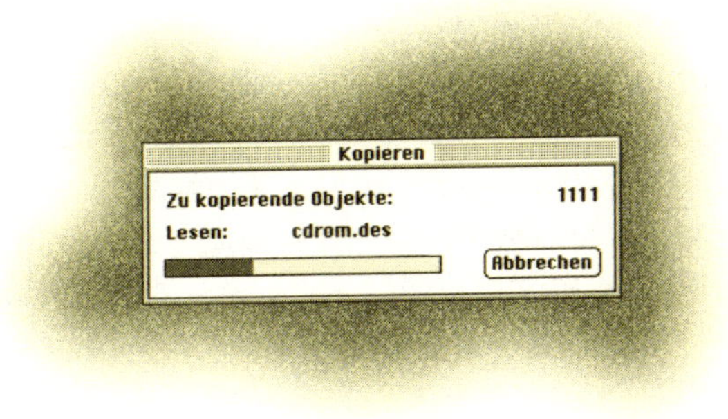

Ein schrecklicher Irrtum macht die Runde: der Mythos der Beschleunigung! Alles würde, so seine Anhänger, immer schneller, immer kurzlebiger und hektischer. Immer wieder beschworen, wird dieses Märchen der Moderne doch nicht wahrer. Die Geschichten der Lebensästheten sind keineswegs »Geschichten für eine immer schneller werdende Kultur«. In Zeiten gebetsmühlenhaft beschworener »Reizüberflutung« pflegt unser Protagonist vielmehr eine besonders intensive Beziehung zur Gemächlichkeit.

Stundenlang starrt er auf Monitore, auf denen sich im Schneckentempo öde Bilder vom Potsdamer Platz oder aus dem Grand Canyon aufbauen, die von einer Livekamera ins Internet übertragen werden. Und es stört ihn wenig, daß im World Wide Web die Übermittlung von »Hallo Gabi« in der »Rush Hour« ungefähr so lange dauert wie zu Samuel Morses Zeiten. Selbst das altehrwürdige Testbild verwandelte sich in den neunziger Jahren als »Aquarium« oder »S-Bahn« zum Kult.

Nicht zufällig fiel die »Entdeckung der Langsamkeit« in den achtziger Jahren mit der massenhaften Verbreitung von PCs zusammen. Der sich schleppend von links nach rechts am unteren Rand des Monitors aufbauende Balken, der baldige Verfügbarkeit der ersehnten Information verheißt, ist zum Mandala der Lebensästheten geworden. Wo früher der Maharishi ins Nirvana führte, begleitet heute Bill Gates die Kontemplation unzähliger Global-Village-Bewohner. Die exponentielle Beschleunigung von Rechnergeschwindigkeiten, die von den Freunden der Beschleunigungstheorie so gerne ins Feld geführt wird, bedeutet für den User allenfalls eine sehr allmähliche Annäherung an den angeborenen Geschwindigkeitsrausch von Homo sapiens. Es sei denn, er möchte der Maschine auf deren eigenem Terrain entgegentreten. Da ist Deep Blue dann natürlich um einiges voraus.

In der Warteschleifengesellschaft der Jahrhundertwende ist das Verlangen des Lebensästheten nach Kontemplation, besinnlichen Momenten und »Zeit für sich« bestens aufgehoben. Auch kleinste Probleme des Alltags müssen minutiös und zeitraubend durchdacht werden, und die Verschnaufpausen von diesem aufwendigen Prozeß der Selbstfindung nehmen erst recht Zeit in Anspruch. Die Geduld und Zähigkeit, mit der Lebensästheten sich ihren alltäglichen Dramen widmen, das Beharrungsvermögen, das sie an Bildschirm und Tastatur an den Tag legen – all das sind

Tugenden für eine immer langsamer werdende Kultur. Nicht nur am heimischen Terminal trifft der Lebensästhet auf den Stumpfsinn störrischer Datenbanken und widerspenstiger Webseiten, sondern auch an seinen wechselnden Arbeitsplätzen. Die Gestaltung einer Internet-Seite jedenfalls erfordert ein nicht geringes Maß an Ignoranz und Gleichmut.

Die Lust an der Langeweile, das Starren auf weiße Wände und halbleere Bildschirme bedeuten den Abgesang auf die hektische Spaßgesellschaft. Der Lebensästhet muß ernst nehmen – allenfalls ein gesundes Maß an Selbstironie und Zynismus erleichtert ihm das harte Schicksal. Um der Überlastung seiner persönlichen Festplatte zu entgehen, muß er deshalb hin und wieder auf Stand-by schalten. Dann schmiedet er Pläne, ganz und gar auszusteigen, um als Leuchtturmwärter oder Schafhirte ein meditatives Dasein zu fristen. Pläne, die fast nie Realität werden. Dazu ist die ästhetische Fixierung im Hier und Jetzt einfach zu stark. Wo sollte im Leuchtturm die liebevoll zusammengetragene Plattensammlung Platz finden?

Die Nieten in Nadelstreifen

DIE ZEICHEN(2)

Wo ist er nur geblieben, der Ernst des Lebens? Angekündigt schon im Kindergarten, lauerte er weder in Grund- noch Oberschule. Nach dem Abitur würde er nun aber ganz bestimmt anbrechen. Doch auch Universität und Fachhochschule kamen erstaunlicherweise recht gut ohne ihn aus. Jetzt aber, da der Lebensästhet die schützenden Arme von Alma mater und Vater Staat endgültig verlassen hat, nun endlich müßte der Ernst des Lebens seinen Tribut verlangen ... Vor allem wenn er sich aus den dumpfigen Sphären des McJob in die strahlenden Höhen des selbständigen Unternehmertums katapultiert.

Lebensästheten sind Unternehmer in eigener Sache, völlig unabhängig davon, wie sie vom Finanzamt eingestuft werden. Ob echter Unternehmer oder nicht, der Lebensästhet unternimmt. Sein Leitbild ist das des »Künstlers«. Dieses Lebensmodell enthält all die bestimmenden Rahmenbedingungen der lebensästhetischen Existenz. Nur stellen weder Bilder noch Skulpturen das Ergebnis der Bemühungen dar, sondern das gelungene Dasein, das seinen Mehrwert in Form eines verkäuflichen Produkts oder einer gefragten Dienstleistung abwirft. Als Künstler ist der Lebensästhet allein sich selbst verpflichtet – der Absturz ist genauso nah wie die Chance auf den großen Erfolg. Das Scheitern aber hat seinen ganz großen Schrecken verloren. Bleibt nämlich die lebensästhetische Konstruktion intakt, steht einem neuen Versuch nichts im Wege. So ist der tätige Lebensästhet Produzent und Rohstoff, Geschäftsführer, Verkäufer und Ware in einem. Er verkauft vor allem sich selbst als Gesamtkunstwerk, auch wenn das, was er schließlich tatsächlich auf den Markt trägt, ein verhältnismäßig orthodoxes Produkt sein mag.

Mit dem klassischen Bild, das sich die Öffentlichkeit von Selbständigen macht, hat der Lebensästhet also ausgesprochen wenig zu tun. Ohnehin wird das Klischee vom Unternehmer bei uns mehr durch das Bild des Managers bestimmt, der ja eher ein Funktionär ist als jemand, der im Wortsinne etwas unternimmt. Der Konzern, den der Lebensästhet dirigiert, besteht dagegen idealtypisch nur aus einer Person. Was immer diese Person an eigenwilligen Beschäftigungen, Hobbys oder Marotten kultiviert, kann zum Kern eines tatsächlichen Unternehmens werden. Ob der Lebensästhet damit wirklich seinen Lebensunterhalt bestreiten kann oder gar große Gewinne erzielen wird, ist sekundär. Viel wichtiger als die Eroberung des Weltmarktes ist die Übereinstimmung mit dem persönlichen Wertesystem. So werden viele Unternehmungen noch nicht einmal von ihren Unternehmern selbst als solche gedeutet. Denn auch der Lebensästhet stellt sich nicht selten den biederen Daimlerfahrer mit Aktenköfferchen und Magengeschwür vor, wenn man ihn nach seinem Bild des Unternehmers befragt.

Die Grenze zwischen Hobby, Zeitvertreib oder Passion auf der einen Seite, Beruf und Arbeit auf der anderen sind in seinem Universum fragwürdig geworden. Viel eher trennt der Lebensästhet zwischen Einkommen und sinnstiftender Aktivität. So entstehen die merkwürdigsten Tätigkeitscluster. Wer gleichzeitig ein Wohnzimmerkino betreibt, als Türsteher einer Discothek ein paar Mark verdient, Landschaftsplanung studiert und sich in einer nicht sehr erfolgreichen Fünf-Personen-Bürgerinitiative für Birma engagiert, kann beim besten Willen nicht mehr genau sagen, was sein Beruf ist und wo seine Perspektiven liegen. Vielleicht wird gerade aus dem Wohnzimmerkino im nächsten Jahr ein florierendes Unternehmen, an dem sich der Bekannte aus der Birma-Initiative mit einem Teil seines Erbes beteiligt, vielleicht steigt der Besitzer der Disco aus und überläßt seinem Türsteher den Laden, oder das arg vernachlässigte Studium gewinnt ganz unerwartet neuen Reiz – wer weiß? Eine Vielzahl vager Perspektiven hat die Perspektivlosigkeit abgelöst, die dem Verlust des linearen Lebenslaufes folgt.

Orientierungslosigkeit ist zum festen Bestandteil lebensästhetischer Arbeitsbiographien geworden.

Genauso wie der Lebensästhet permanent beschäftigt ist, ist er permanent arbeitslos. Ein lebenslanges Vollarbeitsverhältnis vermag er nur unter der Voraussetzung zu ertragen, jederzeit auch wieder eigene Wege gehen zu können. Abhängige Beschäftigung ist nicht mehr der

Normalzustand, in den kleine Fenster der Freizeit oder des Urlaubs eingeschnitten sind, sondern temporärer Bestandteil unübersichtlicher Beschäftigungsbiographien im weitesten Sinne selbständiger »Lebenskünstler«. Umgekehrt erscheint aber auch eine »Unternehmensgründung« in dieser Perspektive als viel weniger dramatisch und folgenschwer. Schließlich tut der Lebensästhet als Unternehmer auch nur dasselbe, was er schon immer getan hat. Und sollte er der sechsundneunziger Herbstmode gefolgt sein, trägt er den Nadelstreifen ohnehin ...

In der Wohlfahrtsfalle

DIE ZEICHEN (2)

Wer »unverschuldet« in Not gerät, so der in Deutschland weithin geteilte Konsens, hat Anspruch auf Unterstützung durch den Staat. Lebensästheten geraten aus dieser Perspektive eher verschuldet in Not.

Wer sich so leichtfertig von den ausgetretenen Pfaden der Normalbiographie entfernt, wohlmeinende Ratschläge, sich um Diplom und Abschluß zu kümmern, leichtfertig in den Wind schlägt und als Steuerzahler eher unregelmäßig in Erscheinung tritt – der hat es, falls dann doch irgend etwas schiefgeht, eben nicht anders verdient! Dann, so die unausgesprochene Botschaft in Gesetzen und Verordnungen, müsse man all dem Tribut zollen, dem man sich bis dahin in höchst asozialer Weise entzogen hat. Wer sich bisher vor Bürokratien gedrückt hat, muß sich nun mit Regularien herumplagen, gegen die die letzte Steuererklärung vor dem Konkurs ein unbürokratisches Vergnügen war. Wer um jeden Preis auf seine Unabhängigkeit bedacht war, muß nun im reifen Alter um den Wintermantel betteln, wie damals, als Mami das Taschengeld nicht rausrückte. Und über allem schwebt dann auch noch der unangenehme Geruch von Scheitern und Versagen.

Wer erst einmal fürsorglich unter dem Banner der drei A (Armut, Alter, Arbeitslosigkeit) einquartiert wurde, darf natürlich nicht viel zu lachen haben. Denn ein glücklicher Sozialhilfeempfänger kann nur ein Sozialbetrüger sein! Vollständig überfordert zeigt sich der ganze Apparat erst recht, tritt nicht das verschüchterte Mütterchen vor seine Schranken, sondern ein gescheiterter Unternehmer. Daß er für sein Einfamilienhaus, aus dem man ihn noch nicht vertreiben konnte, einmal im Jahr Heizöl bestellen muß und deshalb mit monatlichen Heizkostenzuschüssen kaum etwas anfangen kann, vermag auch der redegewandteste Pleitier einer solchen Bürokratie kaum zu vermitteln.

Dabei sind all jene, die sich von einer derartig abschreckenden Institution Hilfe erwarten, einfach nur arm – auf deutsch: das Geld reicht nicht. Das Gerede von den »sozial Schwachen« zeigt nur, wie wenig man hierzulande bereit ist, auch das Scheitern zu akzeptieren und an die Möglichkeit einer zweiten Chance zu glauben. Viel zu sehr ist dieser Begriff mit dem Stigma von Sackgasse und Endstation belegt, viel zu sehr leugnet er die Fähigkeiten des einzelnen.

Grundsätzlich kann man der Tatsache, daß Menschen auf Sozialhilfe angewiesen sind, natürlich auch positive Aspekte abgewinnen. Denn im Gegensatz zum Bettler oder demjenigen, der durch Angehörige oder Gönner unterstützt wird, ist der Empfänger staatlicher Wohlfahrt nicht vom persönlichen Wohlwollen eines anderen abhängig. In den Genuß staatlicher Transfers kommt man unabhängig von persönlichen Eigenschaften, Bindungen an eine bestimmte Gruppe oder Verpflichtungen gegenüber der Familie. Die Sicherheit, im Notfall ohne Ansehen der Personen und eventueller moralischer oder charakterlicher Defizite wenigstens ein Mindestmaß an Unterstützung zu bekommen, stellt eine der großen Errungenschaften der Moderne dar und ist eine Hauptvoraussetzung persönlicher Emanzipation. Im Prinzip wird jeder damit in die Lage versetzt, eine als unerträglich empfundene Bindung aufzugeben, ohne Hunger, Elend und Ausgestoßensein befürchten zu müssen.

Damit entsteht gleichzeitig die Freiheit, sich einer selbstgewählten Gemeinschaft anschließen zu können, unerträglichen Arbeitsbedingungen zu entfliehen und Tätigkeiten und Projekten nachzugehen, die nur wenig Sicherheit verheißen. Ein gutes Stück liberale Tradition also.

Doch was den Lebensästheten tatsächlich im Falle des Ruins erwartet, ist wenig geeignet, ihn zu Elogen auf unser Sozialsystem hinzureißen. Wer auf dem Drahtseil einer selbständigen Patchworkexistenz balanciert, würde sich schon ganz gerne eines gewissen Schutzes sicher sein, und zwar unabhängig davon, ob er sein Heil als Unternehmer oder Küchenhilfe findet. Die brüchigen Lebensläufe der neuen Teilzeit-Existenzen verlaufen jenseits der strikten Trennung von selbständig und abhängig Beschäftigten, auf der das deutsche Sozialsystem aufgebaut ist. Nicht mehr Großkonzern und um Anerkennung ringender Arbeiter stehen sich gegenüber, nicht mehr Steuerzahler und Hilfeempfänger, sondern all diese Modelle sind in unzähligen Abstufungen in jeder einzelnen Biographie präsent.

> So ist es gerade der abschreckende Zustand unseres Sozialsystems, der auch Lebensästheten immer wieder die Flucht in den öffentlichen Dienst antreten läßt, obwohl sie dafür in jeder Hinsicht überqualifiziert

sind. Existenzgründungen, neue Firmen mit ungewöhnlichen Ideen versickern im Morast des »Vollarbeitsverhältnisses«. Und nicht die Höhe der Lohnnebenkosten oder die mangelnde »Innovationsfähigkeit« schreckt von der neuen Selbständigkeit ab, sondern die Aussicht, im möglichen Falle des Scheiterns mit den entwürdigenden Stigmen des »Sozialfalles« belegt zu werden.

Postmoderne Putzteufel

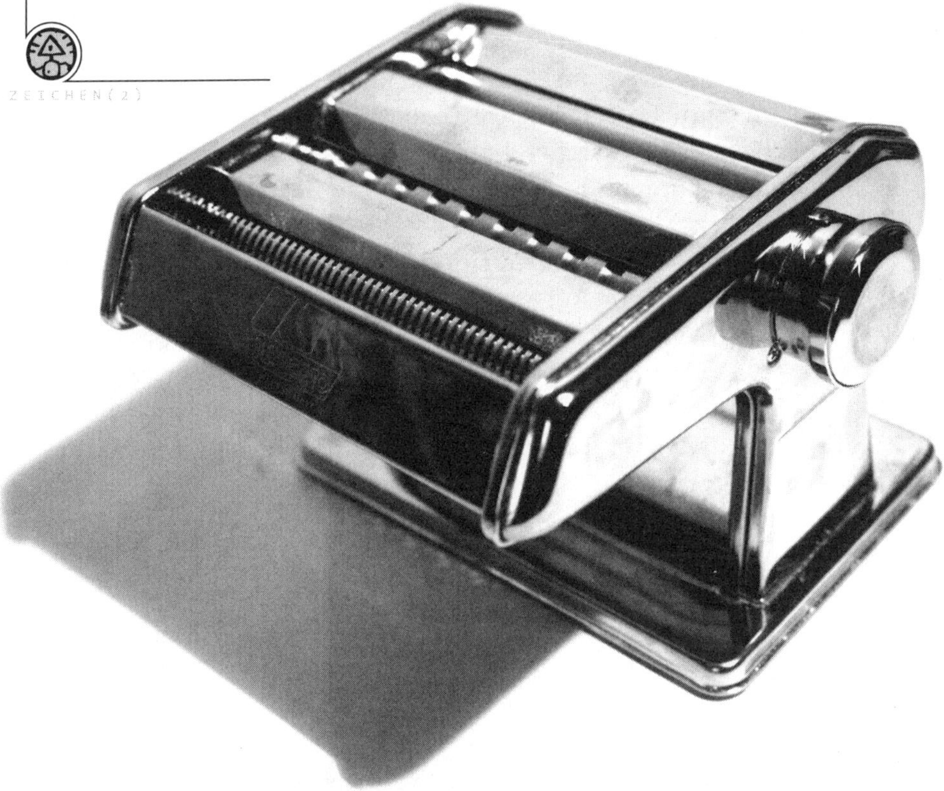

Das Ende der Trennung von Arbeit und Freizeit, von Berufsleben und Privatsphäre gibt einem Lebensmodell neuen Auftrieb, das man eigentlich schon abgeschrieben hatte – der Hausfrau. Wo die Erwerbsgesellschaft ihren Reiz mehr und mehr verliert und Arbeit nicht mehr zentraler Lebenssinn ist, verschwindet auch die Hierarchie von Berufs- und Hausarbeit. Für den Lebensästheten steht in jedem Falle das gelungene Dasein, die geglückte Ausgestaltung der persönlichen Lebenswelt im Vordergrund. Lebensästheten beiderlei Geschlechts gestalten mit Hingabe ihre Wohnungen oder widmen sich der Kochkunst. Die Auswahl der richtigen Kleidungsstücke und Möbel ist Vergnügen und zeitraubender Entscheidungsprozeß gleichermaßen. So nimmt die Beschäftigung mit den »häuslichen« Angelegenheiten einen nicht unbeträchtlichen Teil der Energien in Anspruch. Der lebensästhetische Haushalt hat sich vom Fegefeuer kreischender Kinder und überkochender Töpfe in eine Bühne für die selbstbetimmte Gestaltung des eigenen Lebens verwandelt.

Lebensästheten sind grundsätzlich Singles – selbst wenn sie mit anderen zusammenleben oder gar verheiratet sein sollten. Die Allianz mit einem anderen gelingt aber nur vor dem Hintergrund eines etablierten eigenen Wertesystems. Und dazu gehören natürlich auch ganz genaue Vorstellungen darüber, wann, was und wo gegessen werden soll, wieviel Unordnung und Staub vertretbar sind, ob dringende Rechnungen sofort bezahlt werden oder erst einmal im geschlossenen Umschlag unter dem Tisch verschwinden oder welcher Art von Topfpflanzen der Zutritt in die Wohnung gewährt wird. Findet sich ein anderer Lebensästhet, der bereit ist, auf solcherlei Souveränität zu verzichten und die »kleinen Dinge des Alltags« dem anderen zu überlassen, wird das als großer Sieg im beziehungstechnischen Bargaining verbucht und nicht als Übernahme lästiger »Hausfrauenpflichten«.

Das Durchwursteln jenseits der Arbeitsgesellschaft, das sich mehr und mehr als Lebensmodell etabliert, war traditionell Frauensache. Während sich die Männer an der Produktionsfront und anderen Kriegsschauplätzen der klassischen Moderne verausgabten, mußten ihre Frauen mit knapper Haushaltskasse und Improvisationstalent über die Runden kommen. Flexibilität und Unternehmungsgeist waren dabei wichtige Voraussetzungen. Heute wird das mit dem Begriff *Family Manager* umschrieben. Auch die Aufgabe, die sozialen Kontakte aufrecht zu erhalten, sich um Freunde, Verwandtschaft und Nachbarn zu kümmern, fiel meist an die Frauen. Ganz zu schweigen von ihrer Verantwortung für die Gestaltung des Heims und die gesellschaftliche Anerkennung der Familie. Die müden Helden der Arbeit waren zu nicht viel mehr gut, als das Geld nach Hause zu schaffen.

Im Gegensatz zu dieser Funktionstrennung entlang der Geschlechtergrenzen sind die gerne ignorierten Hausfrauentätigkeiten heute geschätzte Hauptbeschäftigungen für Lebensästheten beiderlei Geschlechts. Wo die Erwerbsarbeit ihren Rang auf der persönlichen Hierarchieskala eingebüßt hat, reißen sich auf einmal auch wieder die Männer um Gestaltungsspielräume in Heim und Herd. Der – in der Regel – einzige Nachwuchs ist Experimentierfeld, moralische Herausforderung und Knochenarbeit in einem. Das Theater um die richtige Ernährung stellt heute Ansprüche, die mit der Schwierigkeit, eine Großfamilie in Notzeiten durchbringen zu müssen, durchaus konkurrieren können, selbst dann, wenn nur Partner und Kind mit ökologisch korrekten Nahrungsmitteln versorgt werden müssen, ganz zu schweigen von rückstandsfreien Kleidungsstücken und schadstoffarmen Möbeln. In jedem Falle aber bieten Haushalt und Familie, was die abhängige Beschäftigung schon lange nicht mehr leisten kann: Verantwortung, Selbstbestimmung und wenig entfremdete Tätigkeit. Daß vor diesem Hintergrund die Familie ein unerwartetes Comeback jenseits verlogener Familienwerte feiern wird, ist mehr als wahrscheinlich.

Das Kreuz mit der Dienstleistungsgesellschaft

DIE ZEICHEN (2)

Die Dienstleistungsgesellschaft ist das bevorzugte Revier des Lebensästheten. Doch wer bei *dienen* an die devoten Bemühungen geräuschlos hin und her huschender Lakaien, perfekt funktionierender Profis beim Dienst an »König Kunde« denkt, der kennt unseren Protagonisten schlecht. Denn der will als einzigartiges Individuum wahrgenommen werden, und zwar immer und überall! Das führt natürlich zu einer radikalen Intimisierung jeglicher professionellen Beziehung. Das Verhältnis zwischen »Diener« und »Bedientem« ist dann auch weniger von reibungslosem Service geprägt als vom Aushandeln. Was das bedeutet, ist leicht vorstellbar. In den Händen des Lebensästheten verwandelt sich jede Leistung in einen persönlichen Gunstbeweis – oder eben nicht.

Wer schon einmal in einer Szenekneipe einer beliebigen deutschen Großstadt versucht hat, etwas zu essen zu bestellen, weiß vom Elend des Dienens ein Lied zu singen. Geduldig erträgt der trainierte Kneipengast die erste halbe Stunde des Wartens auf die Kellnerin. Gut vorbereitet sitzt er mit einem Stapel Bücher am Tisch, denn er hat ohnehin nichts anderes erwartet. Als sich nach einer Dreiviertelstunde sein hungriger Magen abermals zu Wort meldet, faßt er sich ein Herz. Mit vorgetäuschter Gelassenheit macht sich der Gast auf den Weg von der Terrasse zum Tresen. Auf halbem Weg begegnet ihm die Kellnerin! Auf seinen bewußt freundlich und devot gehaltenen Zuruf, er wolle etwas bestellen, reagiert die Lebensästhetin mittelmäßig entnervt: Bestellungen nehme sie grundsätzlich nur am Tisch an. Diese beherzte Bekundung tief verinnerlichter Dienstleistungsmentalität rührt den hungrigen Bittsteller fast zu Tränen und läßt ihn brav an seinen Tisch zurückkehren. Zehn Buchseiten später ist es dann soweit. Die Gnade der späten Bestellung hat ihn – Tisch Nummer dreizehn – endlich erreicht. Er bestellt, immer noch freundlich – alles andere würde sowieso zum Hungertod führen – sein Chili con Carne und ein Bier.

Als das durchaus preiswerte Essen eine akzeptable halbe Stunde später seinen Tisch erreicht, türmen sich vor dem Gast Berge von Chili auf. Die Kellnerin, die sich mittlerweile als durchaus angenehme und besorgte Person entpuppt hat, traut ihren Augen nicht. Und als sie herbeieilt, um den Teller abzuräumen, wendet sie sich mit sorgenvollem Blick an den Gast, um sich die Qualität des Chilis bestätigen zu lassen. Dieser bekundet abwiegelnd, daß es ihm vorzüglich geschmeckt habe, einzig und allein das Fassungsvermögen seines Magens sei erschöpft. Der halbvolle Teller habe rein gar nichts mit der Qualität des Essens zu tun. Diese freundlich gemeinte Formulierung versteht die Kellnerin wohl als Appell an ihre mütterlichen Instinkte. Anders ist das aufdringlich vorgetragene Angebot kaum zu erklären, dem zunehmend verwirrten Gast den Rest seines Chilis einzupacken. Er könne es ja heute abend essen. Er wiederum ist aber nicht gewillt, die Ernährung eines ganzen Tages auf Bohnen und Hackfleisch zu gründen, und wiegelt vorsichtig ab. Doch er hat keine Chance. Sie bleibt mütterlich stur. Selbst längere Ausführungen über seine für den Abend geplante Abreise nach Südafrika zeigen keine Wirkung.

Da zufällig einige Freunde auftauchen, verweilen der Gast und seine Plastiktüte voll Chili dann doch noch eine unübersichtliche Zahl von Bieren. Als sich der Abend dem Ende neigt, verlangt er die Rechnung. Eine andere, nicht weniger freundliche Kellnerin macht sich auf den Weg zu Tisch 13. Wie viele Biere er denn getrunken habe, fragt sie fröhlich in die Runde. Er antwortet wahrheitsgemäß, daß er das beim besten Willen nicht sagen könne. Die Lebensästhetin mit dem Portemonnaie erklärt ihm gelassen, daß sie es auch nicht wisse, aber prinzipiell an die Ehrlichkeit der Gäste glaube. Der Versuch zu erklären, daß Unwissenheit und Aufrichtigkeit zwei verschiedene Paar Schuhe seien, scheitert erwartungsgemäß. Der Gast gibt eine möglichst geringe Schätzung ab, zahlt und zieht mit seiner Plastiktüte gen Heimat.

Das spezifische Mischungsverhältnis von Freundlichkeit und Ignoranz, das den »dienenden« Lebensästheten auszeichnet, läßt sich an vielen ähnlichen Beispielen belegen. Im Gegensatz zu der programmierten Unnahbarkeit einer fünfzigjährigen Verkäuferin hält die Dienstleistungsmentalität der Lebensästheten einiges an Überraschungen bereit. Als Tankwart oder Videothekar sind sie bereits Legende. Filme wie »Clerks – die Ladenhüter« zeichnen das Bild kreativer Langeweile in den schillerndsten Farben. Und dennoch: Trotz Verantwortungslosigkeit und Desinteresse wirkt selbst der muffigste Lebensästhet an Theke und Rezeption weniger bedrohlich als ein ehemaliger Bergmann oder Stahlkocher.

Angesichts der Schwierigkeiten, die die Besetzung von Dienstleistungsarbeitsplätzen mit auch nur halbwegs vorzeigbarem Personal in Deutschland bereitet – das Centro-Shopping-Center in Oberhausen etwa konnte auch ein Jahr nach seiner Eröffnung nicht alle Stellen besetzen und importiert Arbeitskräfte aus den Niederlanden –, werden wir uns an bizarres Verhalten von Verkäufern, Klempnern oder Boten in jedem Falle gewöhnen müssen.

Zweites Hauptstück

Muddling Through – ein Existenzmix aus Freizeit, Arbeit und Bildung

Die Lage der Nation

Meinungsvielfalt und die Toleranz gegenüber dem Fremden gingen in der alten Bundesrepublik eine beinahe paradiesische Allianz mit politischem Lagerdenken und kleinbürgerlichen Moralvorstellungen ein. Allen ging es gut und, was noch wichtiger war: von Jahr zu Jahr besser. Vor diesem Hintergrund spielte auch die Unterstützung von Arbeitslosen und Sozialhilfeempfängern nur eine untergeordnete Rolle. Am Ende jedes Monats wurde der bundesrepublikanische Sozialkonsens pauschal mit der Einkommenssteuer vom Konto abgebucht. Die fette schwarze Zahl, die übrigblieb, stieg ohnehin von Jahr zu Jahr um drei bis sieben Prozent. Der Motor dieser Gesellschaft, die Konjunktur, war gleichermaßen der Garant für den sozialen Frieden. Schließlich rückte die Existenz von Armut fast völlig aus dem Blickfeld all der stolzen Eigenheimbesitzer. Der Sozialhilfeempfänger von nebenan war bald so weit weg wie der fernste Planet.

Fälschlicherweise wird dieses Modell Bundesrepublik gerne als Arbeitsgesellschaft apostrophiert. Doch nicht etwa die Arbeit stand im Mittelpunkt der Existenz, sondern der Zuwachs. Drohte dieser auszubleiben, ertönte sogleich aus den Häusern und Wohnungen des bürgerlichen Mittelstandes sogleich das Klagelied vom »sozialen Abstieg«. Finanzieller Zuwachs mutierte zum letzten Garanten freier Entscheidungen. Die Wahl des neuen Autos, der schicken Stereoanlage oder der Bau des Einfamilienhauses wurden zu Synonymen der persönlichen Entfaltung. Die Herrschaft über die Lebenszeit hingegen konnte getrost an andere delegiert werden. Selbst wenn Tagesabläufe einmal nicht durch die Präsenz am Arbeitsplatz vorbestimmt waren, wurden sie dennoch aus freien Stücken und mit ganzer Hingabe verregelt.

Morgens früh aufstehen, ab ins Bad, die Katze füttern, das Auto starten, anderthalb Stunden Stau, Arbeitsbeginn, Feierabend, nochmal Stau, Abendbrot, Fernsehen, schlafen. Hin und wieder unterbrochen durch Skat-Abend (die Männer) und Canasta-Spielen (die Frauen), den Theaterbesuch oder ein Grillfest mit guten Freunden. In ihrer unerschütterlichen Kontinuität stand die Organisation des Privatlebens den Arbeitsabläufen am Fließband nicht nach. Woody Allen bemerkte einmal sehr treffend, daß 95 % des Lebens daraus bestehen, anwesend zu sein. Und tatsächlich, es reicht aus, einmal das Innere einer großen Behörde oder die Großraumbüros eines mächtigen Konzerns zu betreten, um sich ein Bild von dieser Anwesenheitsgesellschaft zu machen. Wer angesichts gigantischer Verwaltungsapparate, völlig undurchschaubarer Hierarchien und 25 Verantwortlicher für eine bescheidene Aufgabe noch allen Ernstes von Arbeit als Leistung im Mittelpunkt des Lebens spricht, irrt gewaltig. Weder die schlechten Arbeitsbedingungen der Kumpel im Bergwerk noch eine größtenteils wenig erfüllende Verwaltungstätigkeit bilden den arbeitsweltlichen Kern der Deutschland AG. Die vom Aussterben bedrohte Arbeitsgesellschaft ist in Wahrheit eine Anwesenheitsgesellschaft. Nicht das Ergebnis einer Tätigkeit steht im Zentrum des Schaffensprozesses, sondern lediglich ihre unerschütterliche Regelmäßigkeit, der feste Ort ihrer Ausübung und die Sicherheit, am nächsten Tag zur gleichen Zeit haargenau dasselbe zu tun. Wenn wirklich ein Ende zu beobachten ist, dann nicht das Ende der Arbeit, sondern das Ende der permanenten Anwesenheit.

Diese Flexibilisierung von Arbeitsbiographien, die Aufhebung der Trennung von Arbeit und Freizeit, von An- und Abwesenheit und die enorme Vermehrung von Tätigkeitsfeldern kennzeichnen den grundlegenden Wandel ebenso wie die (Selbst-)Verpflichtung zur Gestaltung einer eigenen

Biographie. Die Bedeutung von Arbeit steigt mit ihrer Vielfältigkeit. Statt an einem Platz, lebenslang und mit Aufstiegsgarantie arbeiten immer mehr Menschen an den verschiedensten Orten, zu unterschiedlichsten Zeiten und in vielfältigsten Tätigkeitsfeldern. Nichts anderes als diesen Wandel versuchen die sich momentan inflationär vermehrenden Gesellschaftsbegriffe zu fassen.

Ob Informations- oder Interaktionsgesellschaft, ob Erlebnis-, Spaß-, Freizeit-, Wissens- oder Leistungsgesellschaft – allen Modellen ist die Vorstellung eines neuen Generalismus und die Idee eines Comebacks der Arbeit als Tätigkeit eigen.

Soziale Explosionen und andere Irrtümer

Die politische Realität in Deutschland spricht eine andere Sprache. Spitzenpolitiker und Gewerkschaftsfunktionäre bleiben dabei: Der soziale Friede ist an Vollbeschäftigung und stetigen Zuwachs gebunden. Das war schließlich schon immer so und wird auch so bleiben. Doch eine Politik, die nichts anderes tut, als Bewährtes zu bewahren und die Reste in das nächste Jahrhundert mitzuschleppen, handelt gefährlich. Es ist ein Spiel mit dem Feuer, den »sozialen Frieden« auf ein Fundament zu gründen, das schon heute mehr Risse aufweist als eine Spannbetonbrücke der frühen siebziger Jahre. In einer Gesellschaft, wo Arbeitslosigkeit den Verlust sozialer Anerkennung nach sich zieht, wo die gewählten Vertreter täglich in den Medien behaupten, daß jede Massenentlassung alle Betroffenen unweigerlich ins soziale Elend führt und Hunderttausende in Alkoholismus und Gewalt stürzt – in solch einem Land wird man sich wohl tatsächlich auf einige »soziale Explosionen« einstellen müssen.

Doch glücklicherweise entfernen sich die düsteren Prophezeiungen der Sonntagsredner immer weiter von der gesellschaftlichen Realität. Wenn die Reste von Bau, Steine, Erden am Potsdamer Platz gegen den Schwund ihrer Arbeitsplätze demonstrieren, dann marschieren diese Bauarbeiter dort allein ohne ihre Kollegen aus dem europäischen Ausland. Und falls der eine oder andere alteingesessene Werktätige dann die Rechnung von den Gastarbeitern und den verschwindenden Arbeitsplätzen aufzumachen droht, dann beruhigt es ungemein zu wissen, daß er mittlerweile in der Minderheit ist! Wo das Modell sozialstaatlicher Nivellierung immer brüchiger erscheint, wird die unüberschaubare Vielfalt von Meinungen, Lebensentwürfen und Kulturen zum neuen Garanten für die Toleranz gegenüber dem Fremden. »Sozialer Friede« wird nicht mehr erkauft, sondern entsteht durch das Gleichgewicht verschiedener konkurrierender Gruppen und Individuen. Daß dieses Modell auf den ersten Blick etwas rauhere Züge aufweist als die trübe, aber berechenbare Welt von Tarifverträgen und Baukindergeld ist klar.

Was unsere Lebensästheten betrifft, so ist wohl keine Generation vorher mit einem vergleichbaren Maß an sozialer Sicherheit aufgewachsen. Die schützende Hand sozialer Sicherungssysteme schien den Lebensästheten von der Wiege bis zur Bahre zu begleiten. Abgesehen von der Ölkrise ist er in einer Zeit ohne Kriege und größere Krisen aufgewachsen. Letztlich sind ökologische Ängste und das Wissen um die Endlichkeit der Rohstoffe die einzigen Bedrohungen, die sich wirklich in den Köpfen der 18- bis 35jährigen festgesetzt haben. Die Ignoranz, mit der die meisten Angehörigen dieser Generation der aktuelle Debatte um den Sozialabbau gegenüberstehen, ist vor allem in dem Urvertrauen auf eine Grundsicherung begründet. Nicht die Ablehnung einer »Solidargemeinschaft« ist Ursache dieses gerne als Politikverdrossenheit gedeuteten Desinteresses, sondern der selbstverständliche Glaube an die

Unterstützungswürdigkeit der finanziell schlechter gestellten Menschen.

Und dennoch haben es politische Übereinkünfte in unübersichtlichen Zeiten schwer. Die zunehmende Unvereinbarkeit der verschiedenen Weltbilder, Ansichten und nicht zuletzt der Biographien selbst mit dem Begriff *Ego-Gesellschaft* abzuurteilen, ist einfach zu kurz gegriffen. Vor allem dann, wenn die Verhandlung einer neuen Grundlage freiheitlichen Denkens und Handelns auf der Tagesordnung steht.

Perspektivlosigkeit in der Planzenphysiologie

Glaubt man den Zahlen und Fakten über die Berufsperspektiven von Jungakademikern, so müßte die Stimmung an deutschen Universitäten schlecht sein. Besonders schlecht wäre sie zum Beispiel im Planzenphysiologischen Institut der Freien Universität Berlin. Hier werden Nachwuchsbiologen herangezüchtet, deren Aussichten auf eine feste Arbeitsstelle gegen null tendieren. Die Chance auf eine langfristige Anstellung im Bereich des Artenschutzes oder der Grundlagenforschung schwindet mit der Anzahl der staatlichen Fördertöpfe. Und die Wirtschaft stellt schon seit Jahren nur noch wenige Molekularbiologen im Rahmen befristeter Zeitverträge ein. Viele Studenten mußten schon vor Jahren Abschied nehmen von der Perspektive einer langfristigen Beschäftigung unter dem heimeligen Dach eines sicheren Arbeitgebers. Wahrscheinlich gerade deshalb ist die Stimmung unter diesen hochqualifizierten Experten, die keiner so recht haben will, erstaunlich optimistisch. Diese Lebensästheten haben sich schon vor längerem damit abgefunden, daß die Randbedingungen ihres studentischen Lebens auch nach der Diplomarbeit den Rahmen ihrer

Nicht nur vorübergehender Geldmangel oder Desinteresse an gutem Essen treiben den Lebensästheten zum Aldi. Um die Billigdiscountkette ist in den letzten Jahren ein regelrechter Kult entstanden.

materiellen Existenz bilden werden: Die preiswerte Wohnung ohne Komfort nahe der Innenstadt, das Fahrrad und ein Monatsticket für den öffentlichen Nahverkehr sind Bedingungen, die auch bei niedrigem Einkommen den Lebensstandard sicherstellen. An dieses »lebensästhetische Existenzminimum« wird entsprechend der kurzfristig verfügbaren finanziellen Mittel eine Vielzahl zusätzlicher Bedürfnisse des schnellen Konsums angekoppelt. Der Kneipenbesuch, das Fünf-Sterne-Essen oder das Faible für exotische Lebensmittel sind Bedürfnisse ohne Langzeitbindung. Während die Eltern noch, gestützt auf eine (vermeintlich) lebenslange Arbeitsstelle, auch ihre Bedürfnisse eher in Kostenstellen planten, sind bei ihren Kindern skalierbare Lebenswelten getreten. Nicht mehr das Auto, Haus und Garten sind käufliche Objekte der Begierde und damit Garant für die soziale Anerkennung, sondern Spontankäufe und exotische Vorlieben. Weist das Konto des Lebensästheten ein Plus auf, wird der tägliche Bedarf aus dem italienischen Feinkostgeschäft gedeckt, stehen die finanziellen Zeichen auf Sturm, kommt eben der Schinken von Aldi auf den Tisch. Das ist zwar nicht angenehm, bedeutet aber auch keine Katastrophe. Es ist schlicht die Abkehr von der Zuwachsbiographie einer kurzen bundesrepublikanischen Normalität. Skalierbare Lebenswelten lösen statische Existenzkonstrukte ab. Im Ergebnis bedeutet das den Abschied von der Idee des sozialen Abstiegs. Im Zeitalter brüchiger Erwerbsbiographien, McJobs und Berufspausen ist auch der Freundeskreis, das soziale Netzwerk nicht länger am Arbeitsplatz beheimatet.

Die oft und gern wiedergekäute Formel »Keine Arbeit gleich finanzieller Abstieg gleich soziale Isolation« ist deshalb nicht nur zynisch gegenüber den Arbeitslosen, sondern hat im Zeitalter der Lebensästheten schlichtweg an realer Bedeutung verloren. Im schlimmsten Falle sind diese Menschen von temporärer Armut betroffen. Die von Medien und vielen Politikern favorisierte Bezeichnung von Armut als »soziale Schwäche« (im Englischen »social ill« – man lasse sich das auf der Zunge zergehen!) erweist sich angesichts der hoch ausdifferenzierten sozialen Netzwerke gerade derjenigen, die sich jenseits des Vollarbeitsverhältnisses mit Aufstiegsgarantie durchwursteln, als schlichtweg falsch.

Der Abschied vom Abstieg

Die Biologiestudentin aus dem zehnten Semester jedenfalls befürchtet kaum den Verlust ihres Freundeskreises in Zeiten ohne festen Job. Statt dessen schwärmt sie von einer Menge interessanter Leute, die sie während ihres Studiums in den verschiedenen Nebentätigkeiten als Serviererin und Kinokartenverkäuferin kennengelernt hat. Es waren Studenten aus anderen Fachbereichen oder Städten und höchst eigenwillige Gestalten mit wechselvollen Biographien, die am Ende in einem solchen Job hängengeblieben sind. Bei ihren verschiedenen Büro- und Fertigungsjobs hat sie aber auch viele ganz normale »kleine Leute« kennengelernt. Sie weiß um die höchst zweifelhafte Freude, ein Leben lang morgens um sieben Uhr vor dem Werktor zu stehen oder um neun in lichtdurchfluteten Büroetagen den ersten Kaffee zu kochen – ein Erfahrungshorizont, der die Lebensästheten sehr klar von den vorherigen Generationen unterscheidet.

Die schwere Bürde, neben Schule, Universität oder anderen Ausbildungen seinen Lebensunterhalt komplett selbst verdienen zu müssen, oder der Wunsch, sich zu Bafög oder Pappis Schecks noch etwas dazuzuverdienen, eröffnen dem beruflichen Nachwuchs heute neue Perspektiven. Während studentische Jobs früher vor allem aus Kisten stapeln und Taxi fahren bestanden, rauben sich nun die Beschäftigten von morgen ihre eigenen Jobs. Kein Stadtplaner oder Architekt, fast kein Betriebswirt oder Sozialpädagoge, der nicht schon während des Studiums in Planungsbüros, mittelständischen Unternehmen oder Einrichtungen der Jugendhilfe sein Zubrot verdient hat. Gerade im Dienstleistungsbereich kommt man, so scheint es, ganz gut ohne diplomierte Fachkräfte aus und läßt wesentliche Aufgaben von Studenten erledigen.

Dieses Phänomen ist nicht ganz neu, wird aber gern ignoriert, wenn von den Perspektiven und Motivationen der Arbeitskräfte von morgen die Rede ist. Und das, obwohl der Nebeneffekt auf der Hand liegt: Nach dem Studium warten keine grundsätzlich neuen Erfahrung auf den erfolgreich diplomierten Nachwuchs. Die alltägliche Realität des

Berufslebens ist bekannt, die Abläufe in den Büros und Labors sind bereits Alltag. Auch die Arbeitslosigkeit verliert ihren Schrecken angesichts der Erfahrung des permanenten Wechsels zwischen verschiedenen Arbeitsplätzen. Arbeitslosigkeit beschreibt schlicht die Pausen zwischen einzelnen Phasen der Erwerbsarbeit. Die Frage, ob die Lebensästheten im Prinzip eher werktätig oder arbeitslos sind, ist genauso obsolet geworden wie der Versuch, politische Entscheidungen in überholte Raster von links und rechts einzuordnen.

Wunsch und Wirklichkeit

Und es kommt noch schlimmer! Wer bereits im zweiten Semester seines Fachhochschulstudiums im Nebenjob genau die Arbeiten verrichtet, für die ihm das Studium die notwendigen Kenntnisse doch erst noch vermitteln soll, verliert früher oder später den Glauben an den Sinn einer klassischen Ausbildung. In den Köpfen der Lebensästheten findet ein ständiges Ringen statt: Auf der einen Seite steht der Glaube, etwas Ordentliches lernen zu müssen, in Union mit den strengen Appellen der Eltern, auf der anderen die eigene Erfahrung, der persönliche Erfolg durch »Learning by Doing« und das Wissen um den technologischen Rückstand der Universitäten. Wer sich früher bei einem Unternehmen bewarb, schilderte ausführlich die eigenen Vorzüge und präsentierte seine Abschlußzeugnisse. Heute dominieren schlecht artikulierte englische Wortfetzen die Verhandlungen: »Autokat, Emesoffice und Quarkixpress« bilden gerade in den zukunftsträchtigen Dienstleistungsberufen zunehmend den Rahmen beruflicher Erfolge. Doch gerade vor der Vermittlung dieser Fähigkeiten haben die institutionellen Ausbildungen in weiten Strecken kapituliert.

Es ist vor allem diese innere Auseinandersetzung zwischen dem kategorischen Imperativ der Ausbildung *»Lern*

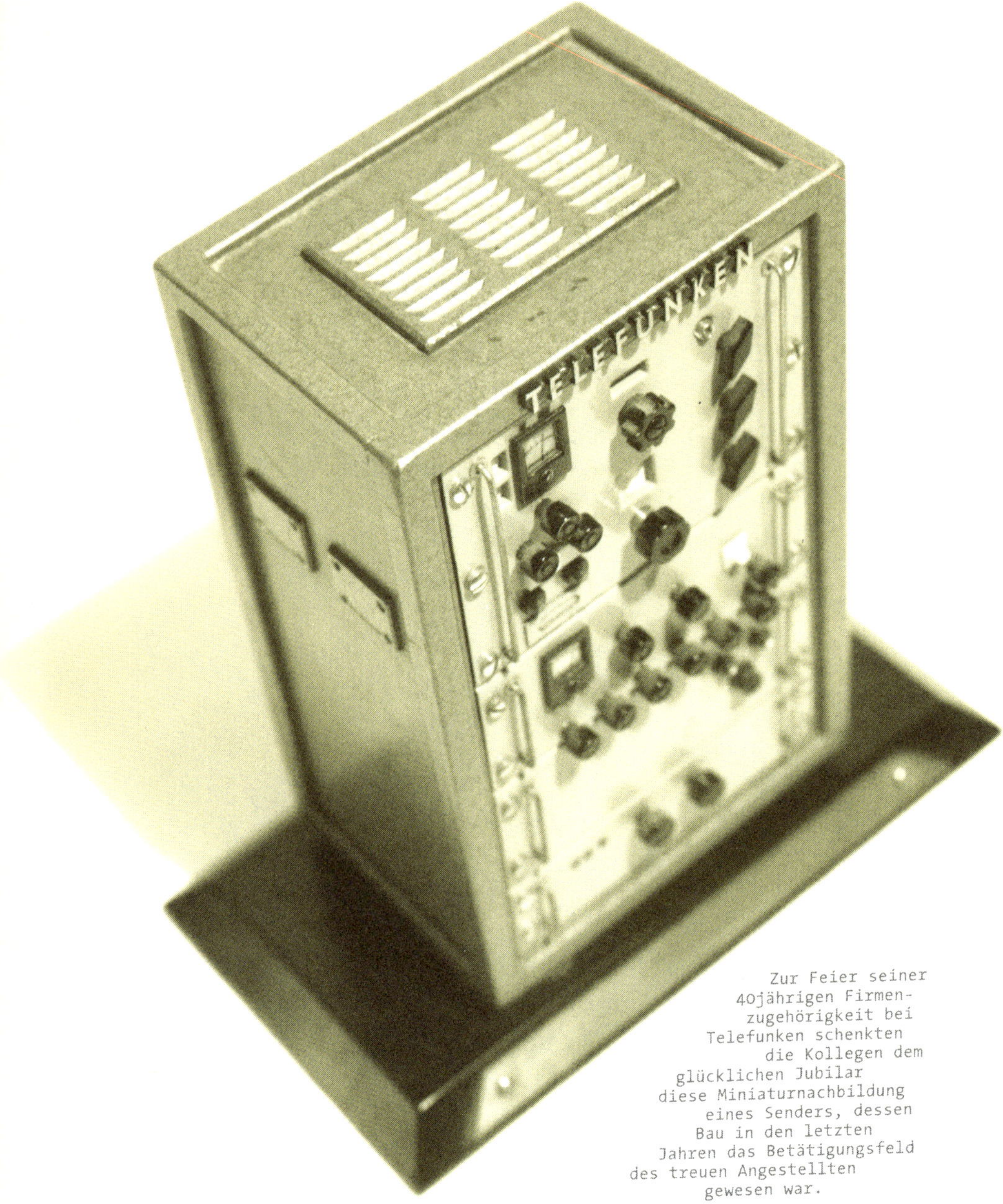

Zur Feier seiner 40jährigen Firmenzugehörigkeit bei Telefunken schenkten die Kollegen dem glücklichen Jubilar diese Miniaturnachbildung eines Senders, dessen Bau in den letzten Jahren das Betätigungsfeld des treuen Angestellten gewesen war.

doch was Ordentliches« und den persönlichen Erfahrungen des Durchwurstelns, die jenes neue lebensästhetische Bewußtsein hervorbringt, das ständig durch die bewährten Raster von Jugendstudien, politischen Appellen und Arbeitsmarktanalysen rutscht. So rezitieren die 15- bis 30jährigen, befragt nach ihren Wünschen und beruflichen Vorstellungen, auch mit schöner Regelmäßigkeit, die Eckpunkte eines erfüllten Erwerbslebens: ein krisensicherer Job wird zum Lebensziel erklärt, anständige Bezahlung und soziale Sicherheit vervollständigen die bewährte Liste.

Würde man unsere Biologiestudenten nach ihren Wünschen fragen, die Antworten würden ähnlich ausfallen. Was sollten sie auch sonst erwidern? Etwa, daß es ihr fester Wunsch sei, niemals einen festen Job zu haben, daß sie es vorziehen, ein halbes Leben lang zu studieren und nebenbei zu kellnern, um sich später einmal mit einer Kneipe oder einer Werbeagentur selbständig zu machen? Es scheint so, als sei die Deckungsgleichheit von Wünschen und Realitäten in der Angestelltenwelt der letzten fünfzig Jahre nur ein Übergangsphänomen gewesen, eine kurze Phase der Weltgeschichte, in der Biographien wie Lebensversicherungen auf viele Jahre kalkulierbar waren.

Heute hingegen, wo die Chance auf den krisensicheren Job mit bloßem Auge kaum noch zu erkennen ist, hilft es niemandem, weiterhin diesem Ideal zu huldigen. Still und leise wurde das Gefühl der Perspektivlosigkeit in den letzten zehn Jahren von einem Grundzynismus überlagert. Wenn Perspektiven fehlen, macht es wahrlich keinen Sinn, sich länger an ihnen festzuklammern. Dieser Grundzynismus – das ist die eigentliche Erklärung für die dauerhaft ausbleibende Depression an den Schulen und Universitäten –, schafft Freiräume jenseits der ausgetretenen Pfade von Lebensarbeitsmodellen und linearen Einkommenszuwächsen.

Während Politiker und Gewerkschaften in einer endlosen Litanei immer noch die Schaffung von Arbeitsplätzen und das Ankurbeln der Wirtschaft fordern, haben sich die Lebensästheten längst auf den Weg gemacht. Dieser Weg ist nicht gradlinig, er gleicht eher einem verschlungenen Pfad durch die Unübersichtlichkeit des postindustriellen Zeitalters. Ihre Einstellung dabei ist weder resignativ noch rebellisch – sie sind Optimisten mit einem zynischen Lächeln auf den Lippen. Während sich ihr weinendes Auge noch von den Sicherheiten der Kindertage verabschiedet, wendet sich das lachende schon der Ausgestaltung eigener Vorstellungen und der Suche nach befriedigenden Alternativen zu.

Arbeit im Freizeitpark

In den europäischen Großstädten von Wien bis Glasgow zeichnet sich ein auf den ersten Blick höchst paradox erscheinender Sinneswandel ab. Die Ansprüche der Lebensästheten an ihren potentiellen Job steigen ständig, obwohl die Zahl der verfügbaren Arbeitsplätze rapide zurückgeht. In der Hierarchie der Kriterien, die bei der Wahl einer Stelle angelegt werden, rangiert heute die Verwirklichung der persönlichen Vorstellungen vor dem zu erwartenden Einkommen. Diese Entwicklung geht auch an der Wirtschaft nicht spurlos vorbei. Die verzweifelten Rufe der Personalmanager nach geeigneten Leute zeigen die Schwierigkeiten, fähigen Nachwuchs zu rekrutieren. Es ist grotesk: Immer weniger vorhandene Positionen sind immer schwerer zu besetzen. Recruiting-Messen und Nachwuchskongresse liefern ein Bild von dem steigenden Aufwand, den große Firmen und Konzerne bei der Suche nach geeigneten Youngstern treiben.

Wenn in erster Linie die Breite der Entfaltungsmöglichkeiten die Berufswahl bestimmt, rangiert das Erreichen einer Führungsposition weit abgeschlagen hinter der alles bestimmenden Frage, »was einem die Arbeit persönlich bringt«. Somit gerät häufig allein die Suche nach einer passenden Arbeit zu einer Lebensaufgabe auf Zeit.

Wenn die Höhe des Einkommens oder sogar der Tatbestand der Bezahlung überhaupt nicht mehr über die Attraktivität einer Tätigkeit entscheidet, treten auch die McJobs auf den Plan, jene mäßig bezahlten Arbeitsverhältnisse, die sich zumeist durch schlechte Arbeitsbedingungen und sofortige Kündbarkeit auszeichnen. Der Sortier-Job im Postverteilamt zählt ebenso dazu wie die Serviertätigkeit im Biergarten und die Arbeit als Familienhelferin. Diese Beschäftigungen auf Zeit sind oft anstrengend, sie symbolisieren das unterste Glied der klassischen Hierarchiekette und sie bringen Geld. Im Gegensatz zu seinen Eltern kann sich der Lebensästhet bei der selbstverschuldeten Hingabe an einen McJob jedoch nicht auf das Lamento von der harten Arbeit zurückziehen. Gängige Entschuldigungen wie »Hach, wäre das ein Traum, wenn ich nicht mehr jeden Tag ins Büro müßte« oder «Bloß nie mehr früh aufstehen« stehen ihm nicht mehr zur Verfügung. Diese »Kapitalismuskritik« der kleinen Leute ist ihm fremd. Denn die Auswahl an kurzfristigen Jobs ist groß, und die Wahl der passenden Tätigkeit ist schließlich die eigene bewußte Entscheidung.

Dennoch hat es der McJob um einiges leichter, vor den eigenwilligen Prüfkriterien des Lebensästheten zu bestehen, als die Karriere in einem Großunternehmen. Der untergeordneten Beschäftigung haftet das Prädikat der Verantwortungslosigkeit an. In der Kneipe zu kellnern oder am Imbiß Buletten zu verkaufen, kann nicht wirklich als Bühne der Entfaltung eigener Fähigkeiten dienen, bietet aber denselben Charme des Unverbindlichen wie ein kurzer Flirt. Steht dem Lebensästheten der Sinn nach einer anderen Beschäftigung, kann der McJob von einem auf den anderen Moment gekündigt werden. Diese Bindungslosigkeit macht einiges wett, denn im engeren Sinne ist der McJob nichts anderes als der letzte Vertreter und die Essenz der traditionellen Industriegesellschaft. Auf eine bestimmte, am Arbeitsplatz verbrachte Zeit folgt eine feste Entlohnung. Und das ohne leidenschaftliche Hingabe und den Anspruch auf Selbstverwirklichung. Ganz anders dagegen sieht es mit den sinnstiftenden Aktivitäten aus. Soll eine Tätigkeit das volle Interesse eines Lebensästheten wecken, reicht eine anständige Entlohnung allein nicht mehr aus.

Ich oder die Firma

Trotz allem: Unserer Biologiestudentin macht die Zukunft wenig Sorgen. Ihr Bedürfnis nach Sicherheit ist zwar ungebrochen, die Chance auf einen langfristigen Vertrag aber gering. Dazu kommt ihre Ablehnung gegenüber den Verfahrensweisen der Chemiekonzerne. Genau wie sie haben nur noch wenige ihrer Kommilitonen Lust darauf, für eine Firma drei Jahre lang ihr Bestes zu geben, um dann als altes Eisen gegen einen frischen Diplomanden ausgetauscht zu werden und auf dem Schrottplatz der Arbeitslosigkeit zu landen. Sie bezweifelt, daß die Fron bei einem der Chemie-Giganten ihren Ansprüchen an eine sinnvolle, erfüllende Arbeit genügen kann. Ungesicherte Freilandexperimente mit genmanipuliertem Gemüse oder die Gefahr, nach jahrelanger Laborarbeit mit mutagenen Substanzen die Gebärfähigkeit zu verlieren, wiegen schwer. Wo die Ausgestaltung des Freundeskreises, die Pflege der Beziehung und die Wahl der richtigen Nahrungsmittel eine zentrale Rolle im Leben spielen, hätte im Falle eines Falles auch der gut dotierte Posten bei der BASF schlechte Karten. Das zum Überleben nötige Geld liefert ohnehin der Job bei McBurger.

Da jede Tätigkeit potentiell der Ausgestaltung der eigenen Persönlichkeit dient, müssen alle Handlungen vor dem persönlichen Wertegebäude, der individuellen Moral bestehen können. Für die angehenden Biologen aus der Pflanzenphysiologie bedeutet das nichts weniger als die Konsequenz, dem Gen-Labor des Arzneimittelkonzerns in letzter Instanz eine Absage zu erteilen. Sowohl die Modalitäten der Beschäftigung als auch die Ziele des Unternehmens und die Gefährdung der eigenen Gesundheit sind beim besten Willen nicht mit den persönlichen Ansprüchen in Übereinstimmung zu bringen. Diese fast beliebige Aufladung des eigenen Handelns mit Werten erscheint auf den ersten Blick irrwitzig, entpuppt sich aber bei genauerem Hinsehen als geniales Werkzeug der eigenen Motivation. Die vielen moralischen Ansprüche, die an eine Tätigkeit gestellt werden, sind der Garant einer leidenschaftlichen Beschäftigung mit der Sache. Nur muß die passende Aufgabe erst einmal gefunden werden. Vermeintlich unerreichbare Wünsche hingegen, das Paradies des geregelten Nine-to-Five-Frons, werden am imaginären Punkt ihrer Erfüllung zu wenig erstrebenswerten Realitäten. Die stereotype Nennung der klassischen Lebensziele der Arbeitsgesellschaft gerät zum Moralsurfing in die Erwerbswelten der Vergangenheit

Ein Auslandsaufenthalt erhöht Ihre Bewerbungschancen!

Die Spatzen pfeifen es von den Dächern: Flexibilität ist eine Tugend. Die Stunde des hochqualifizierten Facharbeiters hat geschlagen. Mit nur einem Beruf pro Person wird sich die Wissensgesellschaft des 21. Jahrhunderts nicht zufriedengeben. Lebenslang zu lernen, sich ständig neue Techniken und Fertigkeiten anzueignen, ist die Voraussetzung, um auf den Arbeitsmärkten von Morgen zu bestehen. Den 89ern bleibt schlichtweg nichts anderes übrig, als sich damit abzufinden, einmal in drei oder sogar vier verschiedenen Berufen arbeiten zu müssen. In der zerfallenden Industriegesellschaft kann sich niemand mehr der wohligen Geborgenheit eines lebenslangen Arbeitsverhältnisses sicher sein. Von den Brüchen und Sprüngen gegenwärtiger und künftiger Erwerbsbiographien bleibt jedoch auch die Bedeutung der Ausbildung nicht verschont. Wer in seinem Leben vier, fünf oder mehr Berufsbilder durchläuft, hat schon rein zeitlich nicht die Möglichkeit, jede Tätigkeit mit einem Studium oder einer Ausbildung zu untermauern. Ein neuer Generalismus tritt an die Stelle der linearen Folge von »Schule«, »Ausbildung« und »Berufsleben«. Denn wo Leistung angesichts erodierenden Berufsprestiges und ständig neuer Tätigkeitsfelder die einzig meßbare Größe für Kompetenz ist, verblaßt die Bedeutung von Abschlüssen und Diplomen.

Die eigene Biographie und der Spaß an der konkreten Sache, die Bereitschaft, sich mit Problemen auseinanderzusetzen, werden zum einzigartigen Verkaufsvorteil der eigenen Person. Qualifikation verliert ihren Rang als allgemeingültiger Maßstab, den vielfältigsten Methoden des Wissenserwerbs sind Tür und Tor geöffnet. Was in den Medien und den Hochglanzprospekten der Eliteschulen als Auslandsaufenthalt präsentiert wird, nennt der Lebensästhet schlicht Urlaub. Diesen verbringt er jedoch schon lange nicht mehr auf den Kanaren oder am Timmendorfer Strand. Neben Freeclimben am Kilimandscharo setzt der Lebensästhet auf Bildung und bevölkert Museen und Akademien von Kap Hoorn bis Kuala Lumpur.

Sitzt er erst einmal im Italienischkurs in Pisa, machen ihm dann auch weniger die ausgefallene Heizung, die schlechte Aussicht und das kalte Wetter zu schaffen, sondern die penetranten Fragen der Sprachlehrerin. Als blutiger Anfänger soll ausgerechnet er in der ersten Stunde erklären, was er beruflich macht. An solchen Punkten kollidieren Welten. Eine einfache Frage, normalerweise mit »Sekretärin« oder »Stewardeß bei der Lufthansa« beantwortet, treibt den Lebensästheten schier zur Verzweiflung. An durchschnittlichen Tagen würde er ungefähr drei Stunden zur Formulierung einer passenden Erwiderung benötigen, und das auch nicht in Italienisch, sondern in seiner Muttersprache. Selbst auf die Frage, ob er studiere oder arbeite *(»tu studio o lavoro«)*, hat er so schnell keine taugliche Entgegnung parat. Während ihm einige der Kursteilnehmer, mittlere Angestellte auf Bildungsurlaub, langsam jedes italienische Sprachgefühl absprechen und auch die sonst gleichbleibend fröhliche Lehrkraft langsam an ihren Fähigkeiten zu zweifeln beginnt, ringt er sich zu einer Antwort durch: *»Io studio Matematico al Universita di Monaco«*, kommt es dem Lebensästheten über die Lippen, und ihm ist gar nicht wohl dabei. Zu Recht, denn die Antwort folgt auf dem Fuße: *»Ahh, Matematico«*, schallt es ihm bewundernd entgegen. Allen ist nun eines klar: Zahlen sind sein Ding, Sprachen nicht.

Auch in den folgenden vierzehn Kurstagen wird keiner der anderen Teilnehmer erfahren, was dieser Lebensästhet nun wirklich beruflich macht. Und ganz falsch war seine Auskunft ja schließlich auch nicht. Das Mathestudium hat er immerhin erst vor zwei Semestern abgebrochen, es folgte Maschinenbau, und seit neuestem steht Kommunikationsdesign plus Germanistik im Nebenfach auf dem Stundenplan. Was früher mit Adjektiven wie »halbfertig« oder gar »abgebrochen« umschrieben wurde, kann heute im Zeitalter der Flexibilität getrost als reicher Erfahrungsschatz verbucht werden. Auch die Universität nimmt ihm seine Sprunghaftigkeit nicht übel. Bei jedem neuen Studienbeginn lassen sich mehr Scheine aus grauer Vorzeit anrechnen. Schließlich hat die chronische Vernachlässigung der akademischen Pflichten auch einen triftigen Grund. Seit

nunmehr drei Jahren arbeitet er freischaffend als Internet-Experte bei diversen Computerfirmen und Werbeagenturen.

Nein, er ist wahrlich keiner dieser schmucken jungen Leute, die, mit einem Laptop bewaffnet, die Weltmärkte erobern und regelmäßig die Mutmacher-Seiten von Spiegel oder Focus bevölkern. Es gibt vielmehr ein bestimmtes Thema, das ihn seit seinen Kindertagen verfolgt: die Frage nämlich, wie der Datenaustausch zwischen zwei Computern auf große Entfernung so organisiert werden kann, daß der Benutzer wenig Ärger damit hat. Noch bevor er mit neunzehn seinen ersten Studienversuch im Fach Informatik startete, hatte er gemeinsam mit einem Freund an »vielversprechenden« Softwareprojekten gearbeitet, die allerdings nie die Serienreife erreicht haben. Einzig und allein die technische Entwicklung und die massenhafte Verbreitung des Internets eröffneten ihm die Möglichkeit, seine Passion schließlich doch noch hin und wieder in bare Münze zu verwandeln.

So speziell dieses Beispiel auch anmuten mag, so signifikant ist doch die Verknüpfung zwischen der Entwicklung der Mikroelektronik, die als einzige historische Begebenheit nahezu vollständig in die Lebens- und Erlebensspanne dieser Generation fällt, und der Erfahrung des Versagens institutioneller Wissensvermittlung. Fakt ist: Nur wenige Ältere können den Lebensästheten in punkto Computer das Wasser reichen – und das auch nicht erst seit gestern.

Experten auf der Schulbank

Die technologischen Umwälzungen der siebziger und achtziger Jahre schufen den Jugendlichen ein höchst eigenes Kompetenzfeld. Die rasanten Entwicklungen der Mikrocomputertechnik hatten die Kinderzimmer lange vor den Schulen erreicht, und die Begegnung des Computerfreaks mit dem umgeschulten Informatiklehrer in der siebenten Klasse hat Spuren hinterlassen. Steve Wozniak und Steve Jobs schraubten in ihrer legendären Garage den ersten Apple zusammen, und die Jugendlichen in aller Welt versuchten, diese Maschine zu verstehen. Da gute Literatur unbezahlbar war oder einfach nicht vorhanden, blieb ihnen nur das Trial-and-Error-Prinzip. Bewaffnet mit einigen kopierten Seiten Dokumentation, stellten sie sich dem Kampf mit der Maschine – manchmal jahrelang. Als diese Schüler dann in der Sekundarstufe zwei mit großen Hoffnungen den Informatikkurs besuchten, trafen sie auf einen dilettantischen Lehrer. Dieser, gerade zurückgekehrt von einer dreiwöchigen Fortbildung, hatte zwar, wie er selber zugab, »keine Ahnung von Computern«, verkörperte aber das Monopol schulischer Wissensvermittlung. Die Grunderfahrung, daß das eigene Wissen nicht mehr gefragt war, weil die Mittel und Wege der Aneignung nicht schulkonform waren, löste eine tiefe Verunsicherung aus.

Zu ähnlichen Erfahrungen führen auch die mittlerweile fast schon zur Normalbiographie gehörenden Auslandsaufenthalte von Kindern und Jugendlichen. Zurück in der Heimat zeigt sich, daß die polyglotten Zöglinge vom Kenntnisstand ihrer Englischlehrerin kaum beeindruckt sind. Der Lehrkörper seinerseits zeigt sich gegenüber solchem auf höchst dubiose Art erworbenen Wissen natürlich auch zutiefst beleidigt.

Ein weiteres Schlüsselphänomen für die Entstehung eines lebensästhetischen Generalismus ist der massive Fernsehkonsum dieser Generation. Niemals zuvor lernten Kinder soviel außerhalb der Schule über die Welt wie in den siebziger und achtziger Jahren. Die um 1970 herum geborenen Menschen sind bereits in der Informationsgesellschaft groß geworden. Heute spielen sie ihre Trümpfe aus und verunsichern viele Ältere als lebende Beweise für die Tatsache, daß Fernsehen nicht nur verblödet, sondern auch Horizonte eröffnet. Die Vielfalt der Möglichkeiten zur Aneignung von Wissen sind für die schleichende Erosion des Monopols institutioneller Bildung verantwortlich. Schulische Inhalte bilden schon lange kein geschlossenes Gebäude mehr, Kinder und Jugendliche erarbeiten sich schultypische Inhalte auf eigenständigen und sehr differenzierten Wegen. Die Erkenntnis, daß selbst erworbene Erfahrung nicht weniger wert ist als »richtig gelernter« Stoff, ist dem Lebensästheten schließlich zur Gewißheit geworden. Der Lebensästhet feiert das Comeback des »Learning by Doing«, erklärt das Durchwursteln zum Königsweg und ist damit auch noch erfolgreich.

Unterdessen sind die Veränderungen an der Wende zum 21. Jahrhundert auch an den tradierten Formen der Lehrlingsausbildung nicht spurlos vorbeigegangen. Das duale System, die klassische Ausbildung, steckt in einer tiefen Krise. Der Unterhalt von Ausbildungsplätzen ist teuer, und nach erfolgreichem Abschluß müssen die Gesellen oft genug zusätzlich für eine konkrete Aufgabe angelernt werden. Viele Unternehmen empfinden das duale System als zu starr. Vom Bewerbungsgespräch bis zum Gesellenbrief vergehen hierzulande nicht selten vier Jahre. Neben den hohen Kosten ist das die Ursache dafür, daß viele große Betriebe und Konzerne heute eher um des sozialen Friedens willen ausbilden als aus ökonomischen Erwägungen.

Sorgen ganz anderer Art bereiten Studium und schulische Ausbildung. Auch wenn der Run auf diese größtenteils staatlichen Bildungsangebote ungebrochen groß ist, hat die Ehrfurcht der Schüler und Studenten nachgelassen. Der Wille, das Angefangene auch zu Ende zu bringen, geht zurück. Die Aura, die den Akademiker einst umwehte, ist in Auflösung begriffen. Abbrüche und häufige Fachwechsel stehen auf der Tagesordnung jedes vielseitig interessierten Studenten. An Warnungen mangelt es nicht. Eltern, Lehrer und seit jüngstem auch die zu Zwangsstudienberatern abgestellten Professoren werden nicht müde zu betonen, daß ohne zügig und mehr als erfolgreich abgeschlossene Ausbildung die Chancen schlecht stehen.

Ein kurzer Blick über den Atlantik verdeutlicht dann meist den Ernst der Lage: »Selbstverständlich«, klingt es vereint aus den Mündern der um die Jugend Besorgten, »selbstverständlich, derselbe Konzern in Amerika würde jemanden mit Ihren Fähigkeiten auch ohne Abschluß einstellen, aber hier in Deutschland ist die Situation leider ganz anders.« Glücklicherweise stimmt dies nur bedingt: Auch in Deutschland können es sich immer weniger Firmen leisten, auf qualifizierte, flexible und interdisziplinär ausgebildete Fachkräfte zu verzichten. Gerade in den mittelständischen Unternehmen der neuesten Generation ist es oft die effektivste Variante der Bewerbung, kurz vorbeizuschauen, einen Schreibtisch zu okkupieren und nach einem Monat erstmals über die eigenen Fähigkeiten zu diskutieren. Oft wird diese Strategie als Praktikum bezeichnet. Der Vorwand, das Praktikum für den Weiterbildungslehrgang als »Kommunikationswirt« zu brauchen, hat schon manchem Lebensästheten Tür und Tor geöffnet. Und es ist schließlich das Problem der Großunternehmen selbst, wenn sie als letzte der Note des Abschlußzeugnisses oder den Testergebnissen von Assessment-Center und Psychobefragung den Vortritt vor Motivation und Fähigkeiten geben.

Der Alptraum des Berufsberaters

Als der deutsche Bundespräsident in seiner vielbeachteten »Berliner Rede« zu lebenslangem Lernen aufforderte, erteilte er all den neurotischen Fachwechslern und Studienabbrechern die Absolution. Denn so banal es auch klingen mag: Die Idee, eine Ausbildung oder ein Studium abzuschließen und die Lehrjahre oder die Universität »hinter sich zu lassen«, war sicher nie als Aufforderung zu kontinuierlicher Bildung gemeint. Im Gegensatz zu diesem Strukturmodell der klar getrennten Lebensphasen ist Bildung für den Lebensästheten längst zu einem Begleiter auf Lebenszeit geworden. Gerade der oft zwanglose Umgang mit den Anforderungen von Uni und Schule ist eng verknüpft mit diesem positiven Verhältnis zum Lernen. Denn nur wer es nicht so genau nimmt, sich nicht bis aufs Messer quälen läßt, kommt später freiwillig wieder – und das nicht nur im übertragenen Sinne. Wer Bildung mit mehr verbindet als mit dem von Sekundärtugenden besessenen Meister, der wird auch in Zukunft nicht davon ablassen.

Wenn er gerade das Studium abgeschlossen hat, bleibt dem Lebensästheten oft auch gar nichts anderes übrig, als sich sogleich neu zu immatrikulieren. Der Abschluß, das Diplom gerät zum Alptraum und bestgehüteten Geheimnis. Niemand darf vom Ende des Studentenstatus erfahren, denn der Arbeitgeber droht mit der sofortigen Kündigung des Jobs, die Eltern erklären sich von den Unterhaltszahlungen für Miete und Strom befreit, und auch der »richtige« Arbeitsmarkt will ohne Studentenausweis plötzlich nichts mehr von dem erfolgreich graduierten Lebensästheten wissen. Vor diesem Hintergrund reduziert sich der Glanz des Abschlußzeugnisses auf den maroden Appeal von Disziplin und Durchhaltevermögen.

Da gibt es zum Beispiel den 28jährigen, der das Studium der Verfahrenstechnik im letzten Semester vor dem Diplom abgebrochen und sich mit vier anderen und einem Spielegeschäft selbständig gemacht hat. Überraschenderweise sind weder Zeitmangel noch fehlende Perspektiven das Hauptargument dafür, daß er der Universität den Rükken gekehrt hat. Er begründet seine Unlust zu studieren schlicht damit, daß ihm das letzte Studienjahr de facto nicht viel neues Wissen, dafür um so mehr Streß mit den Prüfungen einbringen würde. Und dieser Aufwand ist ihm schlicht zu hoch, »nur um irgend jemandem zu beweisen, daß er die Ausdauer für einen Abschluß aufbringt«.

»Entweder du verkaufst die Motz* oder du machst halt etwas anderes«, ist ein geflügelter Satz dieser Art von Bildungsanarchisten. Andere halten durch und beenden ihr Studium, wenn auch nicht immer fristgerecht. Von diesen

*Motz = Obdachlosenzeitung in Berlin, die in U- und S-Bahnen von Obdachlosen verkauft wird, die so ein geringes Einkommen erwerben können. Unter anderen Namen in vielen Großstädten ein vertrautes Phänomen.

Lebensästheten glaubt man, sie würden jetzt, nachdem die wilden Jahre überstanden, alle Parties gefeiert sind und die verschiedensten Jobs ausprobiert wurden, endlich zurückkehren in die geregelten Bahnen einer sicheren Existenz.

Gründerzeit

Doch selbst friedliebende Absolventen, etwa diplomierte Sozialpädagoginnen, machen sich Sorgen. War ihr Studium zu Beginn noch klar auf das Ziel einer festen Anstellung bei Vater Staat ausgerichtet, wurde ein niedriges Einkommen immer als leidiger Nebeneffekt eines krisensicheren Jobs in Kauf genommen, bröckelt angesichts knapper Staatskassen und unzuverlässiger Zeitverträge auch im Erziehungswesen das Vertrauen in die eigene Zukunft. Die Kombination von geringer Entlohnung und mangelnder Sicherheit läßt die Lebensästheten an einer Laufbahn in staatlichen Händen zweifeln.

Die sechsundzwanzigjährige Heike ist Studentin der Sozialpädagogik und steht kurz vor ihrem Abschluß. Das Diplom bedeutete für sie den Ausweg aus der finanziellen Ungewißheit des Studentenlebens. Sicherheit stand bei ihr hoch im Kurs und auch jenseits von kleinbürgerlicher Lebensplanung hoffte sie, später einmal wenigstens den Kontostand des nächsten Monats mit Gewißheit voraussagen zu können. Erst die ernüchternde Erkenntnis, daß auch eine schlecht bezahlte Anstellung als Erzieherin ihr diesen Luxus nicht bieten würde, ließ sie ins Grübeln kommen. Zwei Monate vor ihrer letzten Prüfung beschloß sie, gemeinsam mit einer Freundin eine »Firma« zu gründen. Obwohl die damals ins Auge gefaßte Dienstleistungsidee bis zum heutigen Tag noch keine klare Gestalt angenommen hat, waren die Nebeneffekte beachtlich. Die letzten Prüfungen in der Uni absolvierte sie ohne die sonst immer quälende

Angst, ihre geschäftlichen Pläne gaben ihr Auftrieb. Jenseits einer tristen Realität von beruflicher Perspektivlosigkeit und nervigem Kneipenjob, begann sie, alle und jeden von ihrer Idee zu überzeugen, Kontakte zu schmieden und nach preiswerten Ausstattungsgegenständen zu suchen.

Das, was hierzulande so gern als »Entscheidung zur Selbständigkeit« apostrophiert wird, ist häufig eher eine Reihe von Zufällen. Weniger die verantwortungsvolle Entscheidung als der Spaß an einer absurden Idee stehen Pate bei den ersten Schritten in die Selbständigkeit. Die Aussicht auf das große Geld hingegen bildet ein imaginäres Ziel, an das selbst der Gründer nicht so recht glauben mag. Reichtum zu erwerben ist vielleicht der abstrakte Motor der Unternehmung, nie jedoch das Etappenziel.

»Lassen Sie es bleiben!«

Den Anfang vom Ende der vielversprechenden Existenz markiert meist der Besuch bei einer staatlichen Existenzgründerberatungsstelle. Deren umständlicher Name ist Programm. Einer langen Liste von Eigenschaften und Fähigkeiten, die solch ein »Existenzgründer« mitzubringen habe, folgt in der Regel der Hinweis auf die Notwendigkeit, eine Familie (eine geduldige Ehefrau ist gemeint!) zur Unterstützung hinter sich zu wissen. Und am Ende steht meist die Feststellung, daß die merkwürdige Geschäftsidee unseres Lebensästheten wohl doch nur geringe Chancen auf Erfolg habe: »Lassen Sie es lieber bleiben«, lautet allzuoft der wohlgemeinte Rat. Oder aber der öffentlich bedienstete Berater präsentiert eine Vielzahl von Empfehlungen, wie sich der Gründungskandidat in seine eigene ABM-Stelle verwandeln könne ...

Ein zweiter, nicht weniger perfider Trick von Ratgeberliteratur und Beratungsstellen ist die Betonung des »unternehmerischen Bewußtseins«. Die Aussicht auf einen 16-Stunden-Tag, auf zerbrechende Freundesnetzwerke, auf Herzinfarkt und Magengeschwüre schrecken nicht wenige Lebensästheten ab. Die Drohungen »Umsatzsteuervoranmeldung« und »Abschreibungsrecht« verhallen nicht ungehört! Ob Currybude, Botendienst, Wohnzimmergalerie oder Grafikbüro – wer sich einmal in die Beratungsmühle begeben hat, vergißt am Ende sogar die ursprüngliche Idee. Wo jeder Versuch, die eigene Existenz mit einer selbständigen Tätigkeit zu untermauern, gleich mit dem Börsengang eines Großkonzerns gleichgesetzt wird, stößt die Etablierung einer neuen »Kultur der Selbständigkeit« natürlich auf einige Schwierigkeiten. Obwohl Selbständigkeit an sich viel eher die Verpflichtung gegenüber einer Sache bedeutet als die Erarbeitung von Finanzierungskonzepten oder der virtuose Umgang mit der Förderfibel.

Der Lebensästhet als Unternehmer ist selten am Aufbau einer klassischen Firmenhierarchie interessiert – und auch kaum in der Lage dazu, vor allem dann nicht, wenn er es mit »Mitarbeitern« zu tun bekommt, die ebenso eigenwillig sind wie er selbst. Ein erfolgreiches Unternehmen bedeutet für ihn deshalb eher eine gelungene Allianz verschiedenster Leute unter dem Dach einer Idee. Es wäre eigentlich kein Problem, dieser Art von lebensästhetischen Experimenten eine Chance zu geben. Mit einfachen Instrumenten wie einer zweijährigen Steuerfreiheit für neugegründete Firmen könnten aus dem freundschaftlichen Netzwerk tatsächlich ein oder mehrere Unternehmen werden. Immerhin sitzt hier eine ganze Generation von potentiellen Unternehmensgründern in den Startlöchern. Obwohl Neugründungen auch heute schon kaum Steuern zahlen, schreckt der Aufwand, der notwendig ist, um in den Genuß von Vergünstigungen zu kommen, der Papierwahn und Formularkrieg gerade Kleinstunternehmer so stark ab, daß sie oft noch vor dem Start das Handtuch werfen.

Schließlich wollten sie sich ja auch für ein neues Produkt, eine neue Dienstleistung engagieren und nicht einen Fortgeschrittenenkurs in Bürokratie belegen.

Auch die deutschen Kreditinstitute geben ihr Bestes, um den staatlichen Beratern in Sachen Abschreckung auf den Fersen zu bleiben. Aus dem Ärmel beurteilt der Filialleiter die Erfolgschancen einer neuen Dienstleistung. Die Urteile dieser Experten bemessen sich allein nach der Höhe der Eigenkapitaldecke und nicht nach dem Potential der Gründungsidee. Auch das Konzept des Risikokapitals ist hierzulande wenig vertraut. Wenn eine unbekannte Firma zum Beispiel die Entwicklung eines von jedermann bedienbaren Internet-Angebotes – ähnlich einem Fernsehkanal – ankündigen würde, es krähte keine Bank danach. Dieselbe Geschichte im Land der unbegrenzten Möglichkeiten dagegen brachte den Gründer an den Rand der Verzweiflung. »Vom ersten Tag an hat das Telephon bei uns geklingelt«, berichtet der Cheftechniker Arthur van Hoff in der »Zeit«. »Risikokapitalisten rannten uns die Tür ein und wollten in unser Projekt investieren. Einer versprach sogar, die Firma schon am Tag ihrer Gründung an die Börse zu bringen. Es war ziemlich nervend!«

Diesseits der Steuererklärung

Nun sollen an dieser Stelle nicht die Jahrestatistik der Unternehmenspleiten analysiert oder gar die Instrumente der Wirtschaftsförderung in Deutschland unter die Lupe genommen werden. Viel interessanter sind Mentalität und Motivation der neuen Unternehmer. So zwiespältig dieser Begriff auch und gerade bei den Lebensästheten besetzt ist, so sehr charakterisiert er doch eine Aufbruchstimmung dieser Generation. Die Ansprüche, die an die Ausübung jeder Art von Tätigkeit geknüpft werden, sind immens. Der Wille, etwas zu bewegen, ist da, und Geld spielt nicht mehr die zentrale Rolle. Diese Motivationscluster unterscheiden sich fundamental von der Wertewelt der Angestellten. Sei es nun in bewußter Absicht oder in Ermangelung einer Alternative, die Lebensästheten sind Unternehmer – zumindest in eigener Sache.

Nicole lebt in Köln. Genauer läßt sich ihr Wohnsitz aufgrund ihrer häufigen Wohnungswechsel kaum benennen. Sie plädiert für den konsequenten Verzicht auf das häusliche Refugium und möchte dieses lebensästhetische Leitbild auch für andere erfahrbar machen. Ihr Projekt heißt »Wohnzimmergalerie« – ein öffentlicher Raum, der gleichzeitig als Wohnung dient. Sie mietet einen Laden, kümmert sich erfolglos um staatliche Hilfen zur Existenzgründung und startet ihre Unternehmung. Besucher haben die kundenfreundlichen Öffnungszeiten ihrer Galerie schätzengelernt, und Nicole wurde samt ihrem Wohnzimmer zu einer Installation, einem Gesamtkunstwerk. Denn Exponate, Einrichtungsgegenstände und die Bewohnerin selbst verschmolzen zu einem Ganzen. Der finanzielle Ertrag dieser Galerie kann getrost vernachlässigt werden, trotzdem kann man Nicole mit Fug und Recht als erfolgreiche Unternehmerin bezeichnen. Im besten Fall kriegen die Medien von dem Projekt Wind und feiern Nicole als ausgefallen avantgardistische Extremkünstlerin. Unsere Unternehmerin würde das ziemlich kaltlassen. Ein solcher »Erfolg« kann sich zwar unter Umständen einstellen, ist aber nicht Ziel des Unternehmens. Die alltäglichen Mißverständnisse von Sozialdemokraten und Gewerkschaftern in bezug auf solch verdächtiges Treiben beruhen allein schon auf der Überzeugung, Betätigung müsse in jedem Falle – angemessenen – finanziellen Erfolg nach sich ziehen. Obwohl nämlich ihr Handlungsrahmen ausgesprochen liberal ist, steht mit

Nicole ein streng moralisch handelnder Mensch im Mittelpunkt des Unternehmens. Die Einhaltung ihrer persönlichen moralischen Standards ist ihr allemal wichtiger als bloß materieller Erfolg. Diese ihrem Handeln zugrunde liegende Moral aber ist nicht universell, sondern beruht auf höchst individuellen Vorstellungen vom »guten Leben«.

Ich will nie so werden wie mein Chef

Früher oder, besser, jenseits des lebensästhetischen Horizonts waren klare Übereinkünfte zwischen Chef und Angestelltem vorhanden. Sie bildeten nicht selten den Kern gegenseitiger Motivation. Der zum Geschäftsführer avancierte Maurermeister zum Beispiel war stolz, nie wieder selbst im eisigen Winter auf die Baustelle zu müssen. Das Ziel dieses traditionellen Gründers war, irgendwann einmal nicht mehr selbst zu arbeiten. Und weil der Maurermeister und Firmeninhaber der alten Schule diese Wertewelt grundlegend mit seinen Angestellten teilte, war der Rahmen ihres Miteinanders verbindlich abgesteckt. Ob Sekretärin oder Polier, alle waren sich darin einig, daß das Paradies irgendwo jenseits von Mörtel und Kelle liegen muß. Und so bewunderten seine Untergebenen den mittelständischen Chef dafür, daß er dem Garten Eden einen Schritt näher gekommen war. Der Chef war nicht nur Herrscher über die eigene Arbeitskraft, sondern auch das Vorbild für die eigenen Ziele.

Wer dagegen heute darauf angewiesen ist, einen oder mehrere Angestellte im Alter zwischen 18 und 35 in sein altehrwürdiges Unternehmen aufzunehmen, stößt nicht selten auf größte Schwierigkeiten. Im Gegensatz zu den von allen geteilten Werten in den heilen Arbeitswelten der Anwesenheitsgesellschaft macht die höchst individuelle Gestaltungswut der Lebensästheten auch vor dem Arbeitsplatz nicht halt. Schließlich will nicht zuletzt auch der Job in das persönliche Wertegebäude integriert sein. Die Identifikation mit einer Tätigkeit wird zur Grundbedingung für persönliches Engagement. Deshalb macht er sich daran, die moralische Kompatibilität von eigenem Anspruch und dem Bild der betroffenen Firma zu überprüfen.

Die meisten Sorgen bereiten dem Lebensästheten

dann meist die eingefahrenen Hierarchiespielchen in den Tempeln der Industriegesellschaft. Selbst daran gewöhnt, auf Grund häufiger Jobwechsel eher durch Leistung als durch Stellung aufzufallen, fällt es ihm schwer, das fensterlose Büro im Keller, das dem Neueinsteiger am unteren Rand der Hierarchie zugeteilt wird, als neue Heimat zu akzeptieren. Die Vorstellung, sich von hier aus »nach oben« arbeiten zu sollen, ist ihm höchst suspekt. Überhaupt stellt er sich öfter die Frage, was den Reiz eines Daseins als Geschäftsführer ausmacht. Schnelle Autos haben ihm nie viel bedeutet, eine Sekretärin würde ihm ohnehin nur auf den Wecker gehen, und auch die Verpflichtung, jeden Tag den großen Meister spielen zu müssen, schreckt ihn eher ab.

Jenseits von oben und unten, von reich und arm hat sich der Lebensästhet auf die Suche gemacht nach einer gelungenen Allianz zwischen den eigenen Bedürfnissen und den Aufgaben seiner Jobs. Da aber diese individuellen Bedürfnisse für Außenstehende, wie zum Beispiel den Abteilungsleiter, schwer durchschaubar sind, beginnt ein zähes Ringen um Anerkennung. Es liegt nahe, daß der Vorgesetzte die Ansprüche des Lebensästheten als persönlichen Angriff wertet. Sich im Gegenzug auf die Plattitüde vom »längeren Hebel« zurückzuziehen, nutzt ihm wenig, wenn er auf die Fähigkeiten des kreativen Quertreibers angewiesen ist.

Je lauter der Ruf nach jungen, leistungsfähigen Experten wird, desto größer werden auch die Probleme bei der Suche nach neuen Formen produktiver Übereinkünfte. Das Motivationspotential der Lebensästheten ist enorm. Mit ihrer Leistungsbereitschaft steigen jedoch auch ihre Anforderungen an das Unternehmen. Traditionelle Modelle der Motivation, die auf Berufsprestige und Hierarchie aufgebaut sind, versagen völlig, wenn Ziele und Werte an die

Stelle von Sicherheit und Kontinuität treten. Der moderne Arbeitsnomade setzt sich freiwillig einer Beurteilung seiner Fähigkeiten aus, die konkrete Tat ist längst an die Stelle von Ausbildung und Position getreten. Folgerichtig relativiert sich für ihn auch die Bedeutsamkeit von Rang und Namen anderer.

Die Auswirkungen der Ablehnung traditioneller Machtgefüge sind unübersehbar. Das Ende der Hierarchien hat weitreichende Einflüsse auf die Strukturen bestehender Firmen. Denn Hierarchien und Delegationsstrukturen funktionieren nur solange reibungslos, wie die Anerkennung des Vorgesetzten durch diejenigen, die seine Anweisungen ausführen sollen, gewahrt bleibt. Die lebensästhetische Grundstimmung, nie so werden zu wollen wie der eigene Chef, verlangt nach neuen Modellen der Motivation. Wer als Vorgesetzter Verantwortung und Einsatz erwartet, muß – wenn schon nicht als Vorbild – wenigstens als Vertreter einer guten Sache auftreten. Wenn der Chef sämtliche Möglichkeiten ausschöpft, um Steuern zu sparen, alle gesetzlichen Schlupflöcher kennt und sich wenig um Umwelt und Gemeinwohl schert, fällt er durch den moralischen Rost des Lebensästheten, der dann im Gegenzug eben auch jede Verantwortung für die Firma abstreitet.

An die Stelle des etablierten Verpflichtungsmodells: »Du machst, was ich dir sage, und ich zahle am Ende des Monats dein Gehalt«, ist für den Lebensästheten eine Wertegemeinschaft getreten. Die klare Rollentrennung zwischen Arbeit»geber« und Arbeit»nehmer« ist verschwunden. Jenseits der Bezahlung verlangt der Lebensästhet als Angestellter eine gleichberechtigte Behandlung unabhängig von Stellung und Einkommen. Seine Leistungsbereitschaft ist an den – wie auch immer gearteten – Sinngehalt der Arbeit gebunden. Die Loyalität des Lebensästheten läßt sich nicht länger auf ein Sachbearbeiterdasein beschränken, das seine

Erfüllung in der lebenslangen Beschäftigung mit den Anfangsbuchstaben *A bis K (!!)* findet. Um sein Engagement zu wecken, muß eine Firma sich zumindest strukturell von dieser Art strenger Arbeitsteilung verabschieden.

Die teils absurden Konsequenzen des Versuchs, angemessene Modelle der Motivation zu finden, lassen sich gut am Beispiel bestimmter Boom-Companies in den Bereichen Medien und Werbung beobachten. Die Funktionsfähigkeit dieser Firmenstrukturen fußt darauf, daß die »Beschäftigten« statt eines regelmäßigen Gehalts persönliche Entfaltungsmöglichkeiten und Identifikationsangebote erhalten.

Voodoo Company

Der Lebensästhet möchte nicht von anderen bestimmt werden, ist aber ein Meister der Selbstbestimmung. Einmal von etwas überzeugt, ist er so leicht nicht wieder von diesem Pfad abzubringen. Die Drohung mit Kündigung und Repression ist oftmals genauso wirkungslos wie der Versuch, ihn über eine Gehaltserhöhung ins gemeinsame Boot zu ziehen. Auf der anderen Seite reicht oft der wohlklingende Name einer Firma, der mit Aufbrüchen in neue Welten oder legendären Gründungsfiguren assoziiert ist, und die Lebensästheten pilgern in Scharen vor die imaginären Werktore und bieten für wenig Geld ihren aufopferungsvollen Einsatz feil. Der Reiz, als Teil eines Teams an vorderster Front Pionierarbeit zu leisten, bildet nur die Spitze eines gigantischen Eisbergs gewandelter Motivationsmuster.

Woran sich Einsatz und Begeisterung des einzelnen nun jeweils genau festmachen, ließe sich zwar mit einer langen Reihe von Beispielen illustrieren, allgemeingültige Aussagen aber sind kaum noch möglich. So vergrößerte sich zum Beispiel »Hot Wired«, eine Zeitung im Internet, innerhalb kurzer Zeit enorm. Hunderte motivierter junger

Menschen bevölkerten die Redaktionsräume. Sie arbeiteten dort bis spät in die Nacht, obwohl das Projekt anfangs fast nichts abwarf und der Lohn, wenn überhaupt etwas gezahlt wurde, mehr als dürftig war.

Diese lebensästhetische Arbeitsauffassung ist geprägt von einer gehörigen Portion Liberalismus. Der Glaube an die eigenen Fähigkeiten findet seine Entsprechung in der Hoffnung, der Bessere möge gewinnen. Überzeugt von der persönlichen Einmaligkeit, beantwortet sich die Frage, wer dieser Bessere sei, für den Lebensästheten von selbst. Alle Motivations-Schmieden im High-Tech-Bereich haben dementsprechend eines gemeinsam: Der Produktionsprozeß nimmt im Wettstreit von Ideen und Realisierungsmöglichkeiten Gestalt an.

Der nicht selten mythenumwitterte Firmengründer betritt die extravagant designte und mit arbeitswütigen Youngstern randvoll gefüllte Fabriketage, wedelt mit einer Arbeitsaufgabe, und wer will greift zu. Am Schluß entscheiden alle über das beste Ergebnis. Diese transparente Arbeits-Performance setzt statt auf Bevormundung und Personenkult auf den Wettstreit der Ideen. Da dieses Konzept anstrengend, höchst ineffektiv und selbst für Lebensästheten auf Dauer eine Qual ist, taugt es letztlich nur als Durchlauferhitzer. Wenn der junge High-Tech-Nomade mal wieder genug hat von Dauerprofilierung und Ganztagskreativität, von Wettbewerb und Nachtarbeit, dann zieht er sich vorübergehend zurück in die dunkle Ecke der Scheinselbständigen.

Der selbständige Unterfrachtführer

Vor zehn Jahren waren sie in Deutschland eine Seltenheit, heute sind sie allgegenwärtiger Teil der vom Verkehr verstopften Innenstädte. Diese oft außerirdisch anmuten-

Zu Zeiten des Roller-Skate-Booms in den 70ern war die Dienstleistungsgesellschaft in Deutschland noch recht unterentwickelt. Sonst wäre zweifellos irgend jemand auf die Idee verfallen, dieses praktische Fortbewegungsmittel für ein außergewöhnliches Dienstleistungsangebot zu nutzen. Ob mit Erfolg ist dabei zweitrangig.

den Gestalten mit ihren übergroßen Plastikrucksäcken, in den Amtsstuben als »selbständige Unterfrachtführer zur Beförderung von Sendungen« geführt, ansonsten schlicht *Fahrradboten* genannt, waren Pioniere und Symbol einer neuen Generation niederer Dienstleistungen. Schenkt man diesen Grauarbeitern ohne Rentenanspruch Gehör, erfährt man viel über die Arbeitsmotivation der Lebensästheten.

»Richtig zufrieden bin ich nur, wenn ich mich frei und niemandem verpflichtet fühle«, lobte jüngst eine Fahrradbotin in der taz die Vorteile ihres Jobs. Neben der Verpflichtungslosigkeit stehen dabei für sie ökologische Werte und die Ablehnung einer fortschreitenden Entfremdung im Vordergrund. »Gegen das Höher, Schneller und Weiter der Autogesellschaft« verabschiedet sich diese Berufsradlerin scheinbar spielend von den Errungenschaften der Moderne. Kündigungsschutz und geregelte Arbeitszeiten sind in ihren Augen der Inbegriff der monotonen Arbeitswelt ihrer Eltern. Frei heraus formuliert sie für sich und ihre Kollegen das Manifest der Fahrradkuriere: »Wir fahren nach den Prinzipien des Manchester-Kapitalismus, die Alternative ist eine Selbstausbeutung, aber dafür mit Rentenanspruch!« Hohe moralische Ansprüche an sich selbst, die Verinnerlichung eines ökologischen Imperativs und ein unüberschaubares Gewirr sonstiger Präferenzen, Ansprüche und Werte sind an die Stelle der Angestelltenmentalität getreten. In der Folge ziehen Lebensästheten oftmals die Unsicherheit einer freiberuflichen Existenz der Tyrannei einer Führungskraft vor.

Gerade das Beispiel der Fahrradbotin aber zeigt, daß sich jenseits vom Arbeitsethos der Stahlwerker, von Arbeiterbewegung und gewerkschaftlicher Tradition hier eine ganz neue Identifikation mit einem Berufsbild etabliert hat. Ausdruck und Ziel dieser Identifikation ist nicht länger der gemeinsame Kampf um verbesserte Arbeitsbedingungen und Lohnsteigerung oder der Stolz, funktionierender Teil einer großen Maschinerie zu sein, sondern persönliche Freiheit, der Kult um den eigenen Körper und der Wille, etwas schneller zu sein als die anderen. Und obwohl sich hier ein von vielen Kurieren geteiltes Berufsbild zu einer Gemeinschaft zu verdichten scheint, ist es aussichtslos, auf die Gründung einer »IG Rad, Speiche, Fuhren«, der Gewerkschaft der Fahrradboten, zu warten. Statt dessen etablierte sich die Weltmeisterschaft der Fahrradkuriere. Ein Querfeldeinrennen mit Gepäck und Hindernissen. Falsche Anschriften, überfüllte Fahrstühle und knifflige Routen sind die Hürden, an denen sich nun im friedlichen Wettstreit die Ökokuriere dieser Welt messen.

Der Rückblick auf eine lange Tradition ist diesem und ähnlichen Berufen genauso fremd wie der Ausblick auf eine große Zukunft. Eine geringe Halbwertzeit ist charakteristisch für solche Dienstleistungen. Verliert das Mountainbike wieder an Beliebtheit, hat auch für viele Fahrradkuriere die Stunde geschlagen. Denn nicht zuletzt der Reiz, einen sportlichen Freizeitkult zum Beruf zu machen, bescherte dieser Zunft einen ungeheuren Zuwachs. Mit neuen Moden entstehen immer auch neue Dienstleistungen. Kurz nachdem Inline-Skates ihren Siegeszug als Spiel- und Sportgeräte angetreten hatten, waren auch schon die ersten rollenden Kuriere zu sehen. Die Kurzlebigkeit dieses Trends aber ließ die entsprechende Dienstleistung schnell wieder aus den Straßen der Großstädte verschwinden.

Die neueste Errungenschaft zum Transport leichter Sendungen ist der Walker. Sein Spezialgebiet sind Bürohauskomplexe und sehr dicht bebaute Innenstädte. Statt auf Fahrrad, Rollschuh oder Auto vertraut er allein auf die Fähigkeiten seiner Beine. Die große Zahl der Freizeitjogger und Dienstleistungszentren beschert ihm vielleicht noch eine große Zukunft ...

Hilfe, ein Angestellter!

Stellt sich wirtschaftlicher Erfolg ein, soll aus dem Unternehmer ein Unternehmen werden, so bleibt ihm nichts anderes übrig, als sich mit anderen lebensästhetischen Unternehmungen ins Benehmen zu setzen. Was dabei entsteht, sind viel eher temporäre Allianzen als althergebrachte Firmenstrukturen.

Die Vorbedingungen sind traumhaft. Der Lebensästhet hat wirtschaftlichen Erfolg, die finanzielle Basis ist halbwegs gesichert, und nun kann das neugegründete Unternehmen zum Sprung in neue Märkte ansetzen. Die Gründung, eine Agentur für neue Medien, sollte schließlich auch weltweit agieren. Die ersten Kunden sitzen zwar alle in einem Radius von zwei Kilometern rund um das unternehmerische Hauptquartier, aber immerhin umkreisen wenigstens deren Internetseiten und Datenbanken täglich mehrmals den Globus.

Frohen Mutes macht sich der Gründer daran, die Belegschaft zu erweitern. Bisher lief alles reibungslos, seine Mutter half bei der Buchhaltung, und einige gute Freunde aus alten Zeiten unterstützten ihn, wenn ihm die Arbeit mal wieder über den Kopf wuchs. Das freundschaftliche Netzwerk erfüllte seine Funktion in Krisenzeiten hervorragend. Doch seitdem die Bitten um Mithilfe zum Normalfall wurden, leidet das Netz unter chronischer Überlastung. So geht er daran, seine erste Stellenanzeige zu entwerfen. Endlich hat er die Chance, alles besser zu machen. Von der Idee beseelt, mit den traditionellen Einstellungskriterien zu brechen, ist er fest entschlossen, seine eigenen Überzeugungen zum Maß aller Dinge zu machen. Vor seinem inneren Auge erscheint ein Team selbständiger Mitarbeiter, friedlich vereint in dem Glauben an eine Welt, in der es wirklich benutzbare Internetangebote gibt. Und so dauert es auch nicht lange, bis dem angehenden Personalmanager eine Reihe illustrer Bewerbungen auf den Tisch flattert. Auch der große Tag des ersten Bewerbungsgesprächs beginnt mit einem glücklichen Zufall. Ein guter Freund hat den Motorradführerschein bestanden und schaut spontan mit einer Flasche Sekt vorbei.

Sie ist siebenundzwanzig Jahre alt, Graphikdesignerin und war eigentlich schon beim ersten Bewerbungsgespräch beleidigt. Erst der lange Weg von Stuttgart nach Hamburg, die Flucht vor dem letzten Arbeitgeber, dem sie täglich Anerkennung für Auto und Lebensstil zollen mußte, und jetzt das! Die Bewerbung bei einem Lebensästheten. So sehr ihr die klassische Rollentrennung traditioneller Unternehmen auch immer zu schaffen gemacht hat, so viel Unverständnis löst nun auch der unkonventionelle Termin in dieser jungen Hamburger Agentur aus. Der Mangel an Haltung – die Flasche Sekt und einige weitere waren inzwischen geleert worden –, den die Anwesenden ihren durchaus bewunderten Arbeitsproben gegenüber an den Tag legten, brachte sie zur Weißglut. Die gelöste Stimmung während des Bewerbungsgesprächs deutete sie als Affront, keineswegs als glücklichen Zufall. So bekundete sie dann auch mehrmals während ihrer Präsentation, daß ein wenig mehr Ernsthaftigkeit in bezug auf ihre Arbeiten doch wohl angebracht sei.

Ihr Vorgesetzter in spe trug diesen Auftritt noch mit Fassung, wußte er doch aus eigener Erfahrung, daß die bedingungslose Identifikation mit der Sache hin und wieder eigenwillige Blüten treibt. Ihre grafischen Arbeiten waren schließlich ausgezeichnet, und so kam es zwei Wochen später zur Unterzeichnung des Vertrages.

Vom ersten Tag an behandelt der frischgebackene Chef »seine« Angestellte gleichberechtigt. Aufträge werden diskutiert, Meinungen ausgehandelt. Dieser an sich sehr pragmatische Weg, konkrete Aufgaben zu lösen, statt sich an Konstruktion und Erhalt von Hierarchien abzuarbeiten, kann aber ebenfalls zu einer tagesfüllenden Tätigkeit werden. Wo zusätzlich auch noch die Schranken der Distanz fallen, läßt sich so etwas wie die Psychoanalytisierung der Arbeitswelt beobachten. Die Menge der auszuhandelnden Fragen steigt exponentiell zur zunehmenden Nähe zweier Lebensästheten am Arbeitsplatz. Traditionelle Sorgen wie der Streit um geklautes Büromaterial oder verschwundene Geräte sind mit Sicherheit nicht mehr zu erwarten. Dafür darf der Chef irgendwann auch in seinem eigenen Büro nicht mehr rauchen, die Graphikerin verpflichtet sich im Gegenzug zum Verzicht auf die Farbe Pink, der verwendete Kaffee kommt nur noch aus Nicaragua, und erst nach zähen Verhandlungen kehrt endlich wieder die Zivilisation in Form von dreilagigem Toilettenpapier zurück in den Sanitärtrakt der Firmenräume.

Trotzdem ist die neue Angestellte von der Arroganz und den Minderwertigkeitskomplexen ihres Chefs überzeugt. Dessen vermeintliches Ausbildungsdefizit erklärt sie zur Ursache für Kritik und Tadel. Er wiederum möchte morgens kaum mehr zur Arbeit gehen. Ihr Verhalten überfordert seine Fähigkeiten des Aushandelns, und seine Autorität jenseits des Bargaining hat er schon vor langer Zeit verloren. Wo klare Hierarchien existieren, werden Argumentationsschwächen üblicherweise durch eine institutionelle Ehrfurcht gegenüber dem Ranghöheren kompensiert. Wo Rangfolgen fehlen oder zumindest nicht eindeutig erfahrbar sind, gelten irgendwann die Spielregeln des Privatlebens. Diese Aufhebung von Arbeit und Freizeit kennzeichnet zugleich den größten Vorteil und das Grunddilemma lebensästhetischer Unternehmungen.

Allein mit der Mafia

Daß derartige Auseinandersetzungen zu Frustrationen auf allen Seiten führen, ist klar. Doch es gibt einen Ausweg. Er heißt Computerspiel und bietet wenigstens für eine kurzen Moment die Gelegenheit, den widerspenstigen Mitarbeitern mit der Waffe entgegenzutreten. Der reale Geschäftsführer fordert als virtueller Feldherr zum digitalen Duell. Auf dem Schlachtfeld machen sich kleine Generäle daran, Buchhalter, Einkäufer und Programmierer in unübersichtlichen Labyrinthen zu Hackfleisch zu verarbeiten. Ob Mittelalter oder Zukunftswelten, je nach persönlicher Vorliebe fordert der durch flache Hierarchie und Team-Kollegialität gedemütigte Chef zum Gefecht im Netzwerk. Vom Staat indiziert und von den Ladentischen verbannt, fehlen Metzelspiele aller Art nur in wenigen lebensästhetischen Unternehmen. Mit dem flächendeckenden Einsatz von PCs kehren wenigstens die Reste von Hierarchie zurück in die Welt der High-Tech-Ökonomie. Im virtuellen Raum darf der Lebensästhet als Tyrann ein letztes Mal zur Waffe greifen. Im realen Geschäftsalltag hingegen hat er sich zurückgezogen auf die Diplomatie und den friedlichen Außenhandel mit den »kleinen Nationen« seiner Mitarbeiter.

Im Umgang mit anderen Lebensästheten, seien es Freunde oder Angestellte, bleiben nur die mühsamen Prozesse des Aushandelns. Selbst die »Ausbeutung« von schlecht oder gar nicht bezahlten Arbeitskräften will nicht mehr so recht funktionieren. Auch das Angebot eines Praktikanten, umsonst tätig zu werden, befreit den lebensästhetischen Unternehmer nicht von der intensiven Beschäftigung, vom endlosen Bargaining und der Suche nach gemeinsamen Zielen.

Es scheint absurd: Auf der einen Seite stehen Millionen Arbeitslose, und dort, wo sich tatsächlich neue Felder der Betätigung auftun, haben sich die Rahmenbedingungen so grundsätzlich gewandelt, daß selbst bei dringendem Arbeitskräftebedarf niemand eingestellt wird. Lauscht man dem Dialog der Arbeitgeber von morgen, haben es sogar Arbeitswillige ohne finanzielle Sorgen schwer:

Zwei lebensästhetische Geschäftsführer, ein Unternehmen, vier Beschäftigte und das Bewerbungsschreiben einer sehr engagierten Praktikantin lösen folgenden Dialog der beiden Gründer aus: Vorsichtige Anfrage des ersten Teilhabers: »Guck mal, hier bewirbt sich eine Praktikantin. Die würde sogar umsonst arbeiten.« Hysterische Antwort des zweiten: »Iii! Ich will keine komischen Mitarbeiter.« Zweiter vorsichtiger Versuch des ersten Teilhabers: »Immerhin könnten wir sie doch ausbeuten ...« Einlenken des anderen: »Hmm, und was soll die machen?« Nun wieder der erste mit konstruktivem Vorschlag: »Wir könnten sie zu unseren Kunden schicken, dann nervt sie wenigstens nicht im Büro«, und schließlich die zähneknirschende Zustimmung des zweiten Teilhabers: »Na ja, dann kümmer du dich aber auch um sie, ich will damit nichts zu tun haben.« Der erste verläßt das Büro mit den Worten: »Na gut ...«

Statt sich mit fernen Lebenswelten herumplagen zu müssen oder Strukturen aufzubauen, die die persönliche Auseinandersetzung vermeiden helfen, möchte sich der lebensästhetische Arbeitgeber nicht allzusehr mit Moralsurfing verausgaben. Das Umschalten zwischen verschiedenen Wertewelten im Minutentakt ist schließlich recht aufwendig. So finden nur einige, ausgesprochen gewandte Neo-Opportunisten ihre Erfüllung beim Jonglieren mit Dutzenden lebensästhetischen Idealen. Auch wenn diese oft als »Unternehmer der Zukunft« in den Medien für Furore sorgen, bleibt dem Gros der Gründer schließlich nur die Kapitulation vor der Vielfalt der Wertesysteme und Einstellungen, die sich in seinem Büro versammeln. Früher oder später kehren die meisten zum »lebensästhetischen Familienbetrieb« der Anfangsphase zurück. Aus den freundlichen Helfern der Gründungszeit werden Mitstreiter und langfristig Beschäftigte. Die Fragen des persönlichen Umgangs sind mit Freunden, Bekannten und Familienmitgliedern längst außerhalb des Büros geklärt. Die Organisation des gemeinsamen Arbeitslebens setzt auf diese langjährigen Erfahrungen. Hierarchien und die bemühte Inszenierung der eigenen Person kann sich der lebensästhetische Firmeninhaber nun endgültig sparen. Der Zusammenhalt des »Familienunternehmens« setzt vielmehr auf gegenseitige Loyalität und die Fähigkeit, sich zumindest temporär auf ein einheitliches Wertegebäude einigen zu können. Der Nachteil dieser neo-mafiosen Strukturen – jenseits von Ehre und Rache – liegt auf der Hand: Neue Familienmitglieder können nur aufgenommen, nicht aber eingestellt werden. Fragen der Gemeinsamkeit und gegenseitigen Achtung müssen bereits geklärt sein. Das zähe Ringen des Bargaining muß schon hinter den Beteiligten liegen. Und das kostet, wie beschrieben, oft viel Zeit. So sind die Expansionsmöglichkeiten der lebensästhetischen Familienbetriebe wohl oder übel sehr beschränkt. Viele Gründer und Jungunternehmer machen sich dennoch heute auf, um neue Wege des Wachstums jenseits von traditionellen Firmenstrukturen und familiärern Modellen zu beschreiten.

Auf dem Weg zu temporären Allianzen

Wo weder traditionelle Führungsmodelle und der faule Zauber der Voodoo-Companies weiterhelfen noch der Familienbetrieb oder gar der Rückzug in den McJob – überall dort besinnen sich die neuen Unternehmer auf die Mechanismen von Zivilgesellschaft und Bargaining.

Ihre Unternehmen lösen sich auf in monadische Ein-Mann-Firmen, die ihre Fähigkeiten, ihr Wissen und Urteilsvermögen für eine begrenzte Zeit einer Aufgabe zur Verfügung stellen. Den anderen möchte man sich dabei möglichst vom Halse halten, und so wird nur ausgehandelt, was für das Erreichen eines konkreten Ziels notwendig ist. Nicht mehr Gemeinschaftlichkeit steht dabei im Vordergrund, ein verschworenes Team, das sich heroisch einem Ergebnis entgegenkämpft, sondern die pragmatische Bindung auf Zeit. Verantwortung für »das Ganze« zu tragen, verliert jeden Sinn, wenn Ganzheitlichkeit nicht einmal innerhalb einer einzelnen Person existiert.

Dagegen kehrt die Verantwortlichkeit zurück in den konkreten Arbeitsprozeß. Denn nicht mehr stereotype Formalien wie Tarifverträge, Ausbildungsordnungen oder gar das Auswendiglernen der Firmengrundsätze können das »Miteinander« regeln, sondern allein praktische Übereinkünfte im Einzelfall. An die Stelle der gerne beschworenen Corporate Identity, die ein einheitliches Wertesystem über sämtliche Mitarbeiter stülpen will, tritt die temporäre Überschneidung von individuellen Wertegebäuden. Ein solcher Werte-Link ist das Ergebnis von Aushandlungsprozessen, die die Ansprüche des einzelnen an seine Tätigkeit mit den Ansprüchen seines »Auftraggebers« in ein dynamisches Gleichgewicht bringen.

Die Bandbreite dessen, was dabei jeweils als Anspruch an eine Tätigkeit gestellt wird, ist enorm groß. Die Bezahlung jedenfalls – es sei denn, es handelt sich um außerordentlich hohe Summen – spielt nicht mehr die entscheidende Rolle. Der Angestellte der Zukunft, der gleichzeitig auch der Unternehmer der Zukunft ist, möchte seine Dienste nur dann anbieten, wenn er sich für eine Aufgabe wirklich begeistern kann und sein Auftraggeber diese Begeisterung auch noch teilt. Dann arbeitet er auch schon mal umsonst oder zu einem erstaunlich geringen Preis. Geht es dagegen um unangenehme Tätigkeiten, die nicht ins lebensästhetische Konzept passen, so erwartet er durchaus eine angemessene Entlohnung. Je verantwortungsloser oder unbeliebter eine Tätigkeit ist, desto höher muß sie auch bezahlt werden! Die Tatsache etwa, daß Müllmänner mehr verdienen als Schriftsteller, Sachbearbeiter mehr als Software-Experten verwundert im lebensästhetischen Kosmos niemanden so recht. Mehr als Unterbezahlung fürchtet unser künftiger Mitarbeiter nämlich die Unterforderung am Arbeitsplatz. Da er überzeugt ist, daß Fähigkeiten in ihm schlummern, die zur Vervollkommnung seines Selbstbildes unbedingt zur Entfaltung kommen müssen, erwartet er für sein Tätigsein einen Rahmen, in dem eine solche Entfaltung möglich ist.

Ein Star für 15 Minuten

Die neuen Generalisten werden die Arbeitswelten von morgen prägen. An die Stelle der Delegation von Aufgaben an Angestellte tritt immer mehr die Moderation von Arbeitsprozessen und die temporäre Vernetzung der einzelnen Tätigen. Doch nicht nur die Ansprüche an den Arbeitsplatz und die Selbständigkeit des einzelnen haben zugenommen, auch Kompetenz und Urteilsvermögen sind durch die Vielfalt von Informationen und Erfahrungen, die jeder heute auch jenseits des eingegrenzten Felds seines Berufslebens sammelt, enorm gewachsen. Gleichzeitig erfordern mehr und mehr Tätigkeiten nicht nur spezialisiertes Fachwissen, sondern vor allem Fähigkeiten wie Urteilskraft, Kritikfähigkeit, Unterscheidungsvermögen und Imagination. Es sind diese Tugenden der Differenz, die den höherqualifizierten Arbeitsplatz des 21. Jahrhunderts ausmachen werden. Sie werden vor allem von jenen »Symbolanalytikern« verlangt, die den Kern der Wissensgesellschaft bilden. Die Tätigkeit dieser Kernarbeiter ist von ausgesprochener Intensität, geringer Firmenbindung und jeweils nur kurzer Projektdauer. »Arbeit« und »Freizeit« tauschen ihre Rollen, kurze Arbeitsphasen, die gleichzeitig auch Phasen der Selbstverwirklichung sind, wechseln sich ab mit Lebensabschnitten des Durchwurstelns, die geprägt sind von Verantwortungslosigkeit und Kontemplation.

Die Teilung der Arbeitsgesellschaft in Symbolanalytiker, mittlere Datenverarbeitungstätigkeiten und niedere Wartungs- und Serviceleistungen, wie sie Robert Reich beschrieben hat, bringt also keine neue Klassengesellschaft hervor. Wenn Arbeit zur zeitlich begrenzten Tätigkeit wird, können sich im Leben eines jeden potentiell all diese Modelle hintereinander ablösen. Die Arbeitsteilung, wie wir sie bisher kannten, ist am Ende. Exklusives Wissen, das den »Experten« bisher kennzeichnete, verliert seinen Wert immer schneller: An die Stelle der lebenslangen Exklusivität einer Tätigkeit tritt der Ruhm für 15 Minuten.

Nur Mut

In den Lebenswelten der 18- bis 35jährigen werden schon heute die Umrisse einer zivilen Arbeitsgesellschaft der Zukunft sichtbar. Am Beginn des 21. Jahrhundert wagen immer mehr Menschen das Experiment des »eigenen Lebens«. Doch das innovative Biotop unternehmerischer

Lebenskünstler blüht bisher eher im verborgenen. Dabei sind in Deutschland eine Vielzahl von Rahmenbedingungen denkbar, die aus einem Volk von beamteten Bedenkenträgern tatsächlich auf breiter Front eine lebendige Zukunftsgesellschaft machen.

Vom Insolvenzrecht über das Steuerrecht bis hin zum Baurecht, vom Renten- bis hin zum Gesundheitssystem – es gibt viele Felder, auf denen die bisherigen Regelungen zweifelhaft geworden sind. Veränderte Lebensmodelle und der Wandel der Arbeitsgesellschaft stellen vieles, was uns hierzulande lieb und (vor allem) teuer geworden ist, in Frage. Was notwendig erscheint, sind Regeln, die ermutigen und nicht auf die Versagensängste der Sicherheitsfanatiker ausgerichtet sind. Regeln, die eine Grundsicherheit schaffen für die vielfältigsten Unternehmungen und Experimente – und gleichzeitig Chancen und Perspektiven eröffnen jenseits von Regelungsdickicht und Struktur-Wahn.

An die Stelle einer ängstlichen Sicherheits-Gesellschaft tritt die Mut-Gesellschaft. Die massenhaften Versuche der Lebensästheten, sich jenseits fragwürdig gewordener Strukturen durchzuwursteln, zeigen, daß eine solche Gesellschaft bereits auf dem Weg ist. Es liegt an uns, uns darauf einzustellen. Nur Mut!

Die Tugend der Orientierungslosigkeit

Auf einmal stand der Begriff im Raum. »Bräuchte man nicht«, Reimer Gronemeyer zögerte etwas, »bräuchte man nicht vielleicht eine neue Tugend, eine Tugend der Orientierungslosigkeit?« Das Publikum, das sich an jenem Herbsttag im Jahre 1996 in Kassel versammelt hatte, um über Ethik und Moral im 21. Jahrhundert zu diskutieren, war geteilter Meinung. Eben noch hatte der Präsident der Handwerkskammer beredt den Mangel an Sekundärtugenden bei Lehrlingen beklagt. »Doch was«, so die Entgegnung vom Podium, »solle man eigentlich einem jungen Menschen an Tugenden mit auf den Weg geben, von dem man verlangt, schon morgen den Koffer zu packen, um in Hongkong oder sonstwo auf der Welt zu arbeiten?« Und dann war ganz unspektakulär jener Titel geboren, der die Welt des beginnenden 21. Jahrhunderts so treffend charakterisiert.

Seither ist ein Dreiviertel Jahr vergangen. Reimer Gronemeyer, der uns damals den Begriff schenkte, der all das auf den Punkt brachte, was uns beschäftigte, hat inzwischen ebenfalls ein neues Buch geschrieben. Und als gäbe es einen geheimen Dialog zwischen den Autoren, stellt er uns am Ende von »Alle Menschen bleiben Kinder« eine Frage:

»Vielleicht ist die moralische Innovationsfigur des 21. Jahrhunderts eher ein sinnenfroher Asket, der zu unterscheiden gelernt hat zwischen törichtem Konsum und gelassener Nutzung der Möglichkeiten, die die High-Tech-Gesellschaft bietet? Vielleicht erinnert die Grundfigur des kommenden Jahrhunderts eher an einen Mönch oder einen Künstler? Die Äbte und Mönche haben einmal aus dem barbarischen Mitteleuropa blühende Kulturlandschaften gemacht. Gebraucht wird für die High-Tech-Gesellschaft schon ein neuer Menschen-Typus. Wie wird er sich bilden?«

Wir glauben, mit diesem Buch eine Antwort darauf gefunden zu haben.

Literatur

Douglas Adams: The Hitch Hiker's Guide to the Galaxy, *London 1979*

Allegra: *Heft 11/96 bis 5/97*

Hannah Arendt: Elemente und Ursprünge totaler Herrschaft, *München 1986*

ARCH+ 111 3/92 – Vilém Flusser. Virtuelle Räume – Simultane Welten

Ursula A. J. Becher: Geschichte des modernen Lebensstils, *München 1990*

Ulrich Beck: Die Erfindung des Politischen, *Frankfurt/M. 1993*

Ulrich Beck, Elisabeth Beck-Gernsheim: Das ganz normale Chaos der Liebe, *Frankfurt/M. 1990*

CheSchahShit – Die sechziger Jahre zwischen Cocktail und Molotow. Ein BilderLeseBuch, *Reinbek 1986*

Hillary Rodham Clinton: Eine Welt für Kinder, *Hamburg 1996*

Douglas Coupland: Generation X. Geschichten für eine immer schneller werdende Kultur, *Hamburg 1992*

Douglas Coupland: Microsklaven, *Hamburg 1996*

…ngst im Abendland, *Hamburg 1985*

…Morsezeichen, *Berlin 1996*

…is: Unter Null, *Hamburg 1986*

… Die faire Gesellschaft, *Frankfurt/M. 1996*

…agische Masse, *Düsseldorf 1996*

Max Goldt: Quitten für die Menschen zwischen Emden und Zittau, *Zürich 1993*

Iwan Gontscharow: Oblomow, *Frankfurt/M. 1981*

Reimer Gronemeyer: Alle Menschen bleiben Kinder, *Düsseldorf 1996*

Franz Herre: Wilhelm II., *Köln 1993*

Richard Herzinger, Hannes Stein: Endzeit-Propheten oder die Offensive der Antiwestler, *Reinbek 1995*

Roman Herzog: Aufbruch ins 21. Jahrhundert, *Rede vom 26. 4. 1997*

Matthias Horx: Das Trendbuch 2, *Düsseldorf 1995*

Jugendwerk der Deutschen Shell (Hg.): Jugend '97- Jugend und Politik. Die 12. Shell-Jugendstudie, *Opladen 1997*

Kommune 2: Versuch der Revolutionierung des bürgerlichen Individuums, *Berlin 1969*

Rem Koolhaas: Die eigenschaftslose Stadt *In: ARCH+ 132 6/96*

Greil Marcus: Lipstick Traces. Von Dada bis Punk – Kulturelle Avantgarden und ihre Wege aus dem 20. Jahrhundert, *Hamburg 1992*

A. S. Neill: Theorie und Praxis der antiautoritären Erziehung, *Reinbek 1969*

Horst W. Opaschowski: Deutschland 2010. Wie wir morgen leben, *Bremen 1997*

Karl R. Popper: Die offene Gesellschaft und ihre Feinde, *Tübingen 1992*

Robert Reich: Die neue Weltwirtschaft, *Berlin 1993*

Jeremy Rifkin: Das Ende der Arbeit und ihre Zukunft, *Frankfurt/M. 1995*

Henrik Sander: A City at Two Speeds, *Berlin 1996*

Joseph Scheppach: New Work, *Düsseldorf 1997*

Gerhard Schmidtchen: Wie weit ist der Weg nach Deutschland? Sozialpsychologie der Jugend in der postsozialistischen Welt, *Opladen 1997*

Gerhard Schulze: Erlebnisgesellschaft – Kultursoziologie der Gegenwart, *Frankfurt/M. 1992*

Richard Sennett: Verfall und Ende des öffentlichen Lebens. Die Tyrannei der Intimität, *Frankfurt 1986*

Cora Stephan: Die neue deutsche Etikette, *Berlin 1995*

Michael Walzer: Zivile Gesellschaft und amerikanische Demokratie, *Frankfurt/M. 1996*

David Weeks und Jamie James: Exzentriker. Über das Vergnügen anders zu sein, *Reinbek 1997*

Vom Widerspruch zum Wertelink

Auch jenseits von Cyber-Euphorie und Techno-Wahn ist es möglich, in unübersichtlichen Zielgruppen sehr konkrete Zusammenhänge zu beschreiben, ohne die schwerfälligen Instrumente der klassischen Markforschung anwenden zu müssen.

Die **New Sign Werteagentur** beschäftigt sich intensiv mit den Lebens- und Wertewelten der 18- bis 35jährigen. Dabei steht die qualitative Erforschung von Präferenzen und Imaginationen der für die Zukunft entscheidenden Zielgruppen im Vordergrund.

Um die inhärenten Mechanismen schwer durchschaubarer Handlungs- und Motivationscluster zu beschreiben und handhabbar zu machen, analysiert die Werteagentur **Wertelinks** auf Mikro-Ebene. Sie zeichnet die Käufer-Produkt-Beziehungen nach und operationalisiert neue Werteverbindungen zur Erstellung konzeptioneller Rahmenwerke. **Wertelinks** beschreiben die konkreten Bezüge zwischen Individuum, Motivation und Produkt.

Die Arbeit der Werteagentur ersetzt strategische Planung und liefert die Grundlagen für plausible Kampagnen. Sie bietet unverzichtbare Entscheidungshilfen in Märkten, die mit dem traditionellen Instrumentarium der Marktforschung nicht mehr erforschbar sind.

Die Werteagentur berät Unternehmen, Parteien und Organisationen, die auf schnelle und treffende Erkenntnisse über die Wertewelten und Lebensmodelle ihrer Zielgruppen angewiesen sind.

Die Tugend im Netz

Auch wenn man heute um die leidige Warterei im Netz kaum herumkommt:

Die Tugend der Orientierungslosigkeit stellt sich ihren Lesern im Internet.

http://www.newsign.de/tugend

Unter www.newsign.de/tugend werden Sie all das los, was Ihnen an Kritik, Anmerkungen und Ergänzungen in den Sinn kommt.
Denn die Tugend lebt weiter. Ihr Material sind die Berichte, Anekdoten und Beobachtungen, mit denen wir alle täglich konfrontiert werden. Und Sie können weiteres Material dazu beitragen. Damit entsteht Schritt für Schritt ein interaktives Archiv, in dem Sie ihre Ideen und Vorschläge mit anderen verknüpfen können, das Wachstum neuer Ideen und Argumentationsstränge mitverfolgen und natürlich auch die Antworten und Kommentare der Autoren erfahren.

Christoph Clermont

Ist 1970 in Winterthur geboren. Er studierte Informatik, Stadt- und Regionalplanung, arbeitete als Softwareentwickler, Grafiker und Photograph. 1992 Gründung von New Sign, Werbe und Trendagentur zusammen mit Christoph Schacht. Er ist dort heute als Creativ Director tätig und arbeitet gemeinsam mit Johannes Goebel im Bereich Trendforschung. 1997 Gründer der New Sign Werteagentur.

Johannes Goebel

Geboren 1968 in Berlin. Studierte Architektur und Stadtplanung. Gleichzeitig freiberufliche Tätigkeit als Werbetexter. Seit 1994 Mitarbeit bei New Sign. Heute als Publizist, Autor und Trendforscher tätig, beschäftigt er sich mit Fragen des Wertewandels, der Jugendkultur und der Zukunft der Arbeit. 1997 Mitgesellschafter der New Sign Werteagentur.

Keine Panik!